LAS 7 CLAVES DEL MARKETING PARA DESPEGAR EN LA ERA DIGITAL

Erasmo Herrera

© ERASMO HERRERA. Todos los derechos reservados.

No está permitida la reproducción total o parcial de este libro, ni su tratamiento informático, ni la transmisión de ninguna forma o cualquier medio, ya sea electrónico, mecánico, por fotocopia, por registro u otros métodos, sin el permiso previo y por escrito del titular de *copyright*.
Reservados todos los derechos, incluido el derecho de venta, alquiler o cualquier otra forma de cesión del uso del ejemplar.

Titulo: Las 7 claves del marketing para despegar en la era digital.
Autor: Erasmo Herrera
ISBN: 9798670367219
Primera edición: Septiembre 2020
Sello: Independently published
Tipo de cubierta elegido: Paperback

Ciudad de México, México.
www.erasmoherrera.com
hola@erasmoherrera.com

¡Gracias por haber adquirido este libro!
Para despegar hace falta querer despegar

Este libro se ideó, escribió y se publicó como respuesta a la aceleración que el mundo está experimentando y como base de impulso para ti que quieres despegar en la era digital.

¡Compártelo!

Si a lo largo de este libro encuentras inspiración en alguna frase o elemento, no dudes en hacerle una captura o copiarlo para publicarlo en tus redes sociales. Usa el hashtag **#7clavesmarketing** y etiquétame para verlo.

Para más aceleración digital
ErasmoHerrera.com

Comencemos la conversación
Instagram @Erasmohr

Más contenido
YouTube.com/erasmoherrera

DEDICATORIA

DEDICO ESTE LIBRO A TODAS LAS PERSONAS QUE QUIEREN CAMBIAR LA FORMA EN LA QUE NOS DICEN QUE DEBE SER EL MUNDO.

A la memoria de mi abuelo,
Erasmo Herrera, quien siempre
fue un ejemplo e inspiración para mí.
¡Gracias!

ÍNDICE

EL MUNDO HA ACELERADO COMO NUNCA EN LA HISTORIA ES MOMENTO DE QUE TÚ TAMBIÉN LO HAGAS.

Dedicatoria 5
Prefacio 11

Introducción

De cavernícolas a digitales 19

Clave 1

Comienza por ayudar 29
    El valor de la diferencia 32
    Propuesta de Valor 34
    Si quieres más, da más 37
    Supera las expectativas 38

Clave 2

Todo tiene que ver con los seres humanos 43
    Humanizar para liderar 46
    Más de 7 mil millones 48
        Segmenta el mercado 51
        Define a la buyer persona 55
    Tribus digitales 58
    Redes sociales 60
    Empoderados 68

Clave 3

Descubrir y comprender los procesos 73
   El proceso de compra 78
   Embudos de conversión 87
   Rueda de conversión del cliente 96
   Escalera de valor 97

Clave 4

Intercambios no monetarios 103
   Permiso antes que interrupción 106
   Outbound 113
      Herramientas de outbound 114
      Anuncios en Facebook Ads 116
      Anuncios en Google Ads 124

Clave 5

La creatividad como combustible 133
   Inbound 139
      Creación de contenido 145
   La web 154
      Un sitio ideal 156

Clave 6

Analiza y optimiza todo 165
   Números e información 169
   Métricas 170
   KPI 180
   Objetivos Inteligentes 182

Clave 7

Sin estrategia solo son ocurrencias 189
    Recursos disponibles 192
    Arma tu estrategia 195

Compartir 199

Acerca del autor 203

PREFACIO

Imagina la siguiente escena: era el año 2000, un niño de 9 años acompaña a su papá al cibercafé. El padre terminaba de enviar unos e-mails y aún le quedaban algunos minutos al tiempo alquilado de la computadora; entonces, voltea a ver a su hijo.

—¿Qué razas de perros te gustan?— le pregunta.

Y antes que el pequeño terminara de decir nada, en la pantalla del ordenador se habían desplegado cientos de fotos de perros y con tan solo un clic más se mostraban las características de cada uno.

El niño quedó atónito y sin palabras, porque aquel día la internet le había dicho: —Bienvenido—.

Han pasado casi 20 años de aquel suceso y aún lo recuerdo como el primer momento de mi vida en la que mi visión del mundo cambió por completo y para siempre.

Durante este par de décadas han sucedido muchísimos acontecimientos. Los cambios y la tecnología no se han detenido ni un solo instante, cada día la innovación llega más rápido. La internet ha evolucionado, de ser algo de "solo unos pocos" a ser de todos. Hoy, 1 de cada 2 personas en el mundo está conectada a internet, más de 4.5 billones de personas están interactuando casi 7 horas diarias a través de sus diferentes dispositivos haciendo de todo, incluso, buscando fotografías de perritos.[1]

El mundo se ha transformado, hasta las zonas que consideramos como menos favorecidas tecnológicamente cada vez están más conectadas. Tan solo en México el 70% de la población ya cuenta con acceso a internet y en el conjunto de Latinoamérica esa cifra está cerca del 80%.[2]

Solo han sido 20 años y ya hay más dispositivos conectados a internet que personas en el mundo. Mira a tu alrededor y haz la cuenta ¿Cuántos dispositivos cercanos a ti conectados a internet tienes ahora mismo?
Hemos pasado de aprender cómo usar los exploradores web para ver fotos de perritos a tomar fotos a nuestros perritos y subirlas a Instagram o Facebook, de ver a las celebridades en televisión a convertirnos en una celebridad al hacer un Instagram live respondiendo preguntas a desconocidos. Llegamos al punto en el cual una pandemia que nos obligó a recluirnos en casa no detuvo nuestra conexión, es más, aceleró de forma descomunal lo que ya venía ocurriendo en los últimos años, la digitalización en todos los ámbitos como estándar.

En estos tiempos, hablar de la economía digital, es decir, hablar de inmediatez, impacto global, inclusividad, colaboración, accesibilidad a la información, democratización del conocimiento, internet en todos lados y a todas horas, nativos y tribus digitales, comercio electrónico e innovación no es más que la cotidianidad, de nuestro día a día, de cómo vivimos y cómo interactuamos con los demás y con el mundo. La economía basada en internet no es lo que sigue y no es opcional, es la norma, es un periodo de transición a algo que apenas podemos imaginar, pero que está sucediendo a pasos agigantados y con una velocidad nunca antes vista en la historia de la humanidad.

Todo a evolucionado, el campo de juego también, las reglas ya no son las mismas, de hecho, es un juego distinto. No podemos aplicar hoy lo que funcionó ayer.

Piensa que eres un jugador de fútbol soccer queriendo jugar basquetbol. No hay forma de que metas goles porque no existen las porterías. Es así como yo concibo el marketing digital actual, un juego distinto al marketing tradicional y es más, muy distinto al marketing digital que veíamos en los primeros años de la era de internet. Hoy el marketing digital centrado en los seres humanos es la clave para despegar en la era digital.

Puede que en estos pocos renglones parezca un poco abrumador —espero que no— de ser el caso, me gustaría que pienses que esto no es ajeno a ti, es algo con lo que, al igual que todos en el mundo, te encuentras inmerso cada día. Quiero que te dejes llevar por la naturaleza humana de innovar y sigas adelante sabiendo que tienes la inherente capacidad de controlar y aprovechar los recursos y herramientas tecnológicas de las que disponemos actualmente. El marketing digital no es solo para los nativos digitales o para los grandes empresarios tecnológicos, no importa a que te dediques, el marketing digital es para todos los que tengan el objetivo de ayudar a los seres humanos con sus ideas, conocimiento, habilidades, productos y/o servicios.

Jamás habíamos tenido tanta tecnología en una sola mano para crear, distribuir, generar transacciones y ayudar a los demás, podría decir que ahora las posibilidades son infinitas y están sujetas únicamente a nuestra creatividad y estrategias. No necesitas nada más. Estamos en el mejor momento de la historia para crear estrategias de intercambios digitales con un enfoque colaborativo a favor de los seres humanos y el mundo.

En las siguientes páginas de este libro seré tu copiloto de despegue, te mostraré el mapa de este territorio a través de una visión distinta, te señalaré las 7 claves necesarias para que sean tu norte en la ruta, te mostraré una visión distinta a todo lo que te han contado y te daré las recomendaciones necesarias para que evites los caminos sinuosos o sin salida que yo he recorrido en la última década.

Como cada nuevo territorio hay muchas cosas que explorar y descubrir, pero a partir de esta guía pasarás del mapa al camino, comenzarás a hacer marketing con la metodología correcta y pisarás el acelerador para llevar a cabo esa idea que tienes, desarrollar tu carrera profesional, transformar tu negocio o hacer crecer una empresa. Es momento de despegar en la era digital y hacerle frente a las exigencias del mundo actual.

Introducción

DE CAVERNÍCOLAS A DIGITALES

Al comienzo de los tiempos cuando los seres humanos teníamos hambre salíamos a cazar, o por el fruto de algún árbol, es decir, teníamos una necesidad, hambre, la cual satisfacíamos con la carne de un animal o alguna fruta.

Un día alguien descubrió que podíamos criar animales y cultivar esos frutos, era una forma más cómoda de satisfacer la misma necesidad, ahora tendríamos el privilegio de disponer continuamente de esos recursos, sin embargo, ese proceso requería de trabajo y dedicación, no se puede criar a todos los animales ni a sembrar todo tipo de frutos, además, existía otro problema, ¿qué sucedía si yo solo necesitaba 3 huevos pero mi gallina puso 5?

Esa necesidad de diversos recursos y el excedente dieron como consecuencia el surgimiento del mercadeo, un conjunto de transacciones de bienes y servicios; y el trueque, un sistema de intercambio bastante simple, yo te doy lo que tengo y tu me das lo que tienes, ¿Fácil no? Pues no lo era tanto, ya que no es lo mismo 10 kilos de maíz que un cerdo de 10 kilos ¿O sí?, no lo sé, y esa era la cuestión, ¿Cómo puedo satisfacer mi necesidad por ciertos recursos si no puedo hacer el intercambio contigo porque lo mío es más valioso que lo tuyo? O aún más complicado, si lo que te estoy intercambiando es mi trabajo y tiempo ¿Cuánto vale eso?

Ahí fue cuando surgió el "valor", decidir basándose en las cualidades que tenía y proveía el recurso y qué tan valioso era para el ser humano. ¿Quién lo decidía? Todo el mercado.

Así mismo, surgió el dinero, como una representación del valor de las cosas, primero lo hicimos con el oro y otros metales preciosos, que a su vez le debían su valor a la escasez de dicho recurso, a su utilidad, a la dificultad de obtención y por supuesto a su apariencia.

Bien, ahora el mundo ya tenía una representación de valor para lograr intercambios más eficientes. Por fin la gente podía ir con su vecino más cercano e intercambiar su oro por el recurso de su interés y regresar contento a casa a comer.

Mientras tú comías tu pollo frito frente al televisor, tu vecino notó algo. Él, que era muy bueno criando pollos, podía hacerlos crecer en menos tiempo y más rápido, cuando a todos les costaba 3 monedas de oro criar sus pollos a él sólo le costaba 2 monedas así que decidió solo dedicarse a criar pollos para los demás y en el proceso no solo hacer un intercambio, sino también generar ganancia, pues él se quedaba con una moneda extra que le daba la posibilidad de adquirir otros recursos de su interés. En ese momento las cosas cambiaron para siempre.

Una nueva forma de satisfacer una necesidad había surgido y tu vecino, el comerciante, no fue el único que se dió cuenta de esto. En seguida nacieron muchos más comerciantes, su meta era solo una, obtener el mayor margen de ganancia en un intercambio y para eso idearon millones de formas de lograrlo.

Era tan buena forma de generar ganancias que muchos copiaban lo que estaban haciendo los comerciantes y se unían al negocio, así nació lo que conocemos como competencia. El concepto estaba muy bien planteado porque era una disputa para ver quién tenía más habilidades de hacer que las personas intercambiaran su dinero con ellos.

Comenzó una batalla sanguinaria para, en primera instancia, optimizar los procesos de producción, por un lado —porque déjame decirte, ya no eran solo pollos, habíamos aprendido a mezclar y crear otros productos, los cuales tenían un proceso y costo de elaboración que si se reducían representarían mayores ganancias—, y por otra lado, estaban las ventas, si se generaba un mayor volumen de intercambios también se lograría ganar más dinero y hacer más rentable a los negocios.

La actividad del mercadeo había evolucionado, tal es así, que llegó a un punto de especialización con múltiples tácticas, normas y objetivos que esa tarea se profesionalizó y se denominó mercadotecnia —quizá te suene más el nombre de Marketing—, un conjunto de técnicas para satisfacer necesidades y generar transacciones.

El Marketing primitivo dió respuesta a los dos planteamientos anteriores, haciendo lo necesario para optimizar los procesos de producción de forma eficiente y convencer a la gente de comprarles a toda costa. Para esto último crearon identificadores atractivos, marcas, e implementaron múltiples recursos para informar, posicionar y sobre todo persuadir, en pocas palabras, se valieron de la publicidad como su mano derecha.

Todo funcionó bien durante muchísimos años, hasta que los mercadólogos —la gente dedicada al marketing—, se dió cuenta de que todos estaban haciendo lo mismo y que para seguir creciendo necesitaban diferenciarse de la competencia y lograr seguirle vendiendo a lo largo del tiempo a las mismas personas que tienen una necesidad y quieren comprar —los consumidores—, y convertirlos en clientes fieles.

Cambiaron todo su enfoque y pusieron al centro al consumidor y a sus necesidades, a pesar de que vendían aparentemente lo mismo que todos sus competidores comenzaron a crear diferencias en sus productos que el consumidor percibe como extra y aprecia, lo que se conoce como valor agregado. El internet y las plataformas digitales hacían su aparición, así que escuchar al consumidor y entender sus necesidades era una labor que se facilitaba día con día.

Pero este último enfoque no duró mucho, ahora el consumidor sabía que tenía el control y exigía satisfacer sus necesidades únicamente con aquellas marcas que poseían valores con los que podía identificarse, metas a favor de mundo y que trabajaban en pro del medio ambiente.

Quizá, esto último te suene actual, pero el enfoque ha mutado nuevamente y hoy por hoy en un mundo con una alta integración digital los consumidores buscan marcas que tengan un propósito social, un espíritu de colaboración y de carácter humano. De este nuevo enfoque parte el Marketing digital.

Es probable, bueno, altamente probable que los hechos históricos no se hayan desarrollado exactamente como te los cuento, pero conceptualmente sí.

El mercadeo ha existido desde el inicio de las civilizaciones y ha evolucionado a la par del ser humano a lo largo de la historia, es decir, a la par que las necesidades humanas se iban modificando y haciendo más complejas, la mercadotecnia se adaptaba y satisfacía dichas necesidades. Pasó de enfocarse únicamente en la creación de productos y las ventas, a enfocarse en escuchar al consumidor y ponerlo como punto de partida para crear productos y servicios que respondieran a sus problemas. Posteriormente, se centró no solo en los consumidores si no en su impacto como marca, la huella que dejaba en el mundo y los valores que les transmitía.

En todos estos procesos hubo negocios, empresas y marcas que no supieron adaptarse y darle una respuesta correcta al consumidor en cada fase de su evolución y sin importar lo grandes que eran, simplemente desaparecieron, en cambio, hubo otras que germinaron con la semilla de la nueva visión que demandaban las personas y se desarrollaron con agilidad.

Sin embargo, la tecnología ha creado nuevamente una disyuntiva en el camino del marketing, por un lado un callejón sin salida que ahora llamamos marketing tradicional y por otro el mercadeo orientado a los seres humanos digitales, el marketing digital.

Alerta de spoiler: el marketing tradicional está destinado a transformarse en marketing digital para finalmente solo ser llamado marketing, otra vez, pero no te confundas, esto no significa que todos los productos y servicios en el mundo vayan a ser digitales, por lo menos no en el futuro cercano, en cambio, quiere decir que la integración a internet y el aprovechamiento de sus herramientas es vital para el desarrollo, crecimiento, escalabilidad, expansión y sostenibilidad de los modelos de negocios.

Por lo tanto, se puede decir que el marketing digital tiene como propósito identificar y satisfacer las necesidades de los seres humanos para junto a ellos generar intercambios que beneficien a ambas partes y al mundo, todo esto valiéndose de la interacción, interconectividad y posibilidades que ofrece la internet y sus diversas plataformas.

El padre de la mercadotecnia, Philip Kotler, cataloga a esta evolución del Marketing como Marketing 4.0, un periodo de transición de lo tradicional a lo digital en el que la economía basada en internet establece sus procesos de producción, intercambio y consumo en todo el mundo.

Como has visto hasta ahora, el marketing ha evolucionado mucho desde sus inicios y se ha ido haciendo más robusto con cada nuevo enfoque y revolución tecnológica. La tarea está en sumarlos y siempre moldear la visión a lo que sucede en el entorno.

Hoy el marketing digital implica ayudar a los seres humanos al ofrecerles valor y generar intercambios que van más allá del dinero. También implica explotar la creatividad al máximo, tener una gran capacidad de escucha activa, observación y análisis para lograr objetivos inteligentes mediante la planeación estratégica.

Está claro que las cosas han cambiado y que nada volverá a hacer igual, pero hay una sutil e importante diferencia, ahora ya conoces el nuevo campo de juego y es momento de aprender a jugar en él.

Clave 1

COMIENZA POR AYUDAR

Iniciar a trabajar con un enfoque en el marketing digital es más sencillo de lo que parece, **DEJA DE VENDER Y COMIENZA A AYUDAR.** Así de fácil.

Por más contradictorio que parezca, la mejor estrategia de marketing es concentrarse en escuchar y ayudar genuinamente a los demás con sus problemas y ofrecerles respuestas certeras. Si nosotros podemos realmente solucionar sus problemas y no solo crear respuestas al azar, estaremos verdaderamente ayudando y cuando verdaderamente ayudamos las personas son recíprocas.

Quiero hacer hincapié en la parte de "genuinamente" del párrafo anterior ya que no se trata de hacer parecer que ayudamos o de fingir que nos interesa, no. Solo piensa en cuántas personas conoces que solo fingen ayudar o lo hacen por conveniencia, son falsas y cualquiera lo puede notar, no ayudan en nada y nadie quiere estar cerca de ese tipo de personas. Para hacer negocios funciona igual, nadie quiere estar cerca de una marca falsa.

Cuando verdaderamente estamos interesados en ayudar nos centraremos en encontrar la forma más adecuada de asistir a las personas. Es decir, resolver problemas.

Y no importa que es lo que hagas, cual sea tu idea, a que se dedique tu empresa o la empresa para la que trabajas si no comienzas por ayudar y resolver problemas no estarás haciendo marketing digital, a pesar de haber abierto una página de fans en Facebook, publicado un anuncio y montado un costoso sitio web, solo estarás vendiendo descaradamente.

A nadie le gusta que le vendan, pero a todos nos gusta que nos ayuden. Además, vender es difícil y es la forma menos eficiente de aumentar las ventas.

PARA VENDER HAY QUE AYUDAR DE FORMA HONESTA Y SINCERA.

Sea lo que sea que queramos mercader debe tener como fin primigenio, ayudar y resolver un problema presente en el mercado al que vayamos a ofrecer nuestra solución. Muchas empresas se centran en crear increíbles soluciones pero que no responden a ningún problema en el mercado. Las personas deciden y si no les soluciona nada significa que no sirve.

Hay que comenzar a verlo desde otra perspectiva, primero observamos y escuchamos a las personas, entendamos sus problemas y necesidades para finalmente proveerles justamente lo que necesitan. Si lo hacemos de esta manera será más natural generar intercambios porque todo está diseñado para que así sea.

No te mentiré, usar las estrategias de marketing y vender un servicio o producto que no solucione nada es posible, yo lo he hecho y muchísimas personas lo hacen. Pero te diré algo, es difícil y si lo quieres hacer "fácil" tendrás que ser deshonesto, manipular y gastar excesivamente en publicidad. No tiene nada de fácil, es caro y, aun así, solo podrás vender por primera vez a una persona, sin que exista una segunda vez.

No interesa qué tan bonitas sean tus campañas publicitarias, cuántas celebridades te apoyen o si estás usando todas las redes sociales del momento, no te recomiendo que tomes ese camino. A fin de cuentas no estarás ayudando, solo estarás vendiendo, y vender no es la mejor forma para generar intercambios, sin embargo, ayudar sí, y hacer marketing digital es enfocarse en ayudar a los seres humanos.

Recuerda lo siguiente, si te enfocas en vender estarás olvidando mejorar la vida de personas a las que supuestamente quieres ayudar. Y no es que los clientes no quieran comprar solo no quieren que les vendan.

El valor de la diferencia

"SE RÍEN DE MÍ PORQUE SOY DIFERENTE. YO ME RÍO DE ELLOS PORQUE SON TODOS IGUALES"

Kurt Cobain, vocalista de la banda de rock Nirvana.

A principios de la preparatoria, cuando tenía más o menos 15 años, mi meta en la vida era convertirme en *rockstar*, no en músico o cantante, yo solo quería ser estrella de rock, así que me compre una guitarra acústica y antes de aprender a tocar los acordes básicos la vendí y compré la primera guitarra eléctrica que entrara en mi presupuesto. Jamás aprendí a tocar guitarra pero en el proceso me di cuenta que no llegaría a ser un *rockstar* porque no tenía nada de diferente a los demás chicos de mi edad que querían formar sus bandas, todos intentábamos copiar lo que veíamos en MTV, nos peinábamos y nos vestíamos igual a esos músicos, cada quien copiando el estilo de su banda favorita.

Lo mismos sucede al momento de ofrecerle algo al mercado, si no podemos diferenciarnos de los demás terminaremos siendo igual a ellos y lo que es igual no es relevante.

Debemos proponer algo distinto, algo que revalorice a nuestro producto o servicio. No importa lo que sea, solo debe ser diferente a todo lo que existe, lo que es diferente no compite, porque no hay competidores.

A esta diferencia que revaloriza un producto o servicio y le da otro significado, la llamamos propuesta de valor.

Si tenemos una propuesta de valor somos diferentes y si somos diferentes somos únicos. Entonces, ser diferentes es lo mejor que nos puede pasar, porque la diferencia atrae hace que las personas que se identifiquen con ella y se sumen a nuestra cruzada. Y no, ser diferente por ser nuevo no es suficiente.

Cuando era niño, nos mudamos muchas veces a diferentes ciudades, casi una vez por año, y cada nueva ciudad significaba una escuela diferente, lo cual para mí significaba ser el niño nuevo no solo del grupo si no de la escuela, cuando eres el niño nuevo rompes la normalidad de la escuela y eres como una pequeña gota de agua cayendo en un charco, llegas y todos te voltean a ver. Te haces acreedor del título "el niño nuevo".

Si lo pensamos así, mi propuesta de valor era ser nuevo y eso era suficiente para hacerme diferente al resto de niños de la escuela. Pero esa no era una gran propuesta y así como le pasa a una gota de agua después de unos pocos segundos de haber caído a un charco, paulatinamente deja de ser diferente y se incorpora a la masa. Un niño nuevo deja ser diferente al resto incluso cuando llega otro estudiante nuevo a la escuela y le quita el título.

Lo que intento decir con esto es que "nuevo" no es suficiente para ser diferente, para ser diferente se requiere de una propuesta mejor elaborada, si no, cuando llegue una nueva propuesta seremos reemplazados.

Una verdadera propuesta de valor nace del hecho de realmente querer ayudar a las demás personas. Si nos enfocamos en eso nos encontraremos con la forma de hacernos relevantes y diferentes.

El veloz avance de la era digital nos ofrece la posibilidad de acceder a miles de opciones para llegar al mismo servicio o producto a nivel local y a millones de opciones a nivel global. Hoy más que nunca ofrecer valor es la forma más eficiente de destacarnos del resto.

Propuesta de Valor

Resume tu propuesta de valor en una sola frase, de esa manera tu mismo entenderás que es lo que estás haciendo, te deberás centrar en cumplir a cabalidad con lo que dice esa frase y, a su vez, el mercado entenderá de inmediato cómo lo puedes ayudar a solucionar sus problemas.

Si no eres claro ni conciso, tus intenciones de ayudar solo se quedarán ahí, ya que nadie entenderá el porqué tu propuesta es diferente al resto. Entiende a la tribu y comunícate es su lengua (profundizaremos en la siguiente clave).

Se honesto con tu propuesta de valor, ya que si prometes y no cumples, las personas lo notarán de inmediato y no es algo que dejarán pasar, al fin y al cabo te convertirás en algo reemplazable donde hay miles queriendo una oportunidad de demostrar que tan diferentes son. Incumplir es traición y la traición acaba con la confianza.

En cuanto tengas una propuesta de valor creada a partir de las necesidades y motivaciones del mercado, enfócate en hacerla realidad y que cada paso que des este en esa dirección.

Observa a los grandes jugadores de la era digital. Son únicos, su mensaje es claro y diferenciador, entienden al mercado y cada día trabajan en hacer valer esa diferencia y en hacerse más diferentes pero en la misma dirección.

Te imaginas si Apple hubiera creado un teléfono igual al más exitoso que había en ese momento. Solo hubiese sido un

Blackberry con una manzana atrás y jamás hubiésemos conocido el iPhone y la revolución mundial que causó nunca hubiese sucedido.

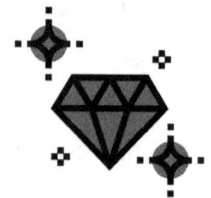

SER DIFERENTE ESTÁ BIEN, SER IGUAL A LOS DEMÁS ES ABURRIDO Y CUANDO ERES IGUAL NADA PASA.

Ten una propuesta de valor y empieza a cambiar la vida de las personas. Tenemos miles de formas de ofrecer valor al mercado, arma tu combinación única y se diferente.

Supongamos que tu negocio es una peluquería y después de las quejas por los largos tiempos de espera que hay en la industria has podido desarrollar un sistema en el que le puedes ofrecer atención a cualquier cliente en menos de 10 minutos, tu propuesta de valor es "atención en menos de 10 minutos". Estás resolviendo un problema, te estás diferenciando y te vuelves único en el mercado.

Por cierto, una propuesta de valor te vale para todo, desde conseguir trabajo, destacar a un producto, servicio o marca hasta conseguir pareja. Solo piensalo. Tener algo valioso que nadie más tiene vale la pena.

Si quieres más, da más

Al ofrecer características extras en nuestras propuestas de servicios o productos que estén direccionadas a ayudar de una u otra forma estaremos añadiendo aún más valor, y más valor es siempre más diferencia en el mercado.

Y no es una sugerencia, es que así son las cosas, quienes no son capaces de generar valor agregado estarán fuera del juego al instante porque las diferencias de nuestra propuesta a veces resultan pocas y tan difícil de identificar qué nos convertimos en uno más de la manada, genéricos, básicos y carentes de diferenciación. Entraremos en una batalla en la que la que nuestra única arma será bajar los precios. No te recomiendo entrar en esa batalla, el único que pierdes eres tú.

Entonces, ¿Cómo ofrecer valor agregado?

Solo ve que es lo que no están haciendo los demás, en qué se están limitando y qué es lo que tú tienes de más que pueda no solo resolver el problema de las personas sino que las dejes con ganas de repetir la compra y hablar bien de ti.

Supera las expectativas

Como puedes ver, mientras más lejos quieres llegar más tienes que ayudar y mientras más te quieras diferenciar en el mercado más valor tienes que añadir.

Cuando hablamos únicamente de servicios estamos limitados por el tiempo, quiero decir, la cantidad de servicios que podemos ofrecer se encuentran topados por la cantidad de horas que tenemos disponibles. Si bien, para este punto puede que estemos ofreciendo algo distinto en el mercado, de calidad y añadiendo características de valor no podremos agregar más cantidad de servicios ya que el tiempo es finito y forzarlo demeritaría la calidad.

La clave al ofrecer un servicio realizado por humanos no es masificar la cantidad de personas a las que servimos, sino en crear tanto valor para un solo cliente que el costo deje de ser un factor de decisión y pase a ser irrelevante.

Oriéntate a ofrecer resultados medibles y/o tangibles y a siempre superar las expectativas que tengan tus clientes. Si logras llegar hasta aquí podrás ofrecer algo invaluable.

Pero para poder llegar a un servicio de alto valor agregado tú tendrás que ser el primero en darle el valor que merece a las cosas que haces. Se honesto pero no desacredites el trabajo.

Pisa el acelerador a fondo.

Ingresa a <u>erasmoherrera.com</u> y comienza la aceleración digital.

Clave 2

TODO TIENE QUE VER CON LOS SERES HUMANOS

Muchas veces he estado en reuniones en las que se habla de las personas como si solo fueran números, de hecho, por mucho tiempo yo lo hice, me refería a las personas como número de votos para un candidato político, calidad de *likes* en una publicación de Instagram o el monto de ingresos que representarían para la empresa. ¿En qué momento dejamos de vernos como seres humanos y empezamos a vernos como activos y números los unos a los otros?

Detrás y delante de un intercambio hay personas pero muchas veces se nos olvida ese detalle y sobre todo cuando cada aspecto de la vida tiende a la digitalización. La naturaleza humana es increíble porque mientras más nos acercamos a lo digital más queremos lo humano.

Me explico, la innovación es parte de lo que nos hace humanos, es lo que nos ha hecho sobrevivir y hacerle frente a la vida, para cazar inventamos las lanzas, para explorar los mares creamos los barcos y para hacernos selfies inventamos la cámara frontal. De la misma forma, Internet es parte de ese poder de innovación que jamás va a parar. Y no importa en cuánta tecnología están inmersas nuestras vidas siempre la adaptaremos a una forma humana.

El marketing digital no implica que al adoptar la internet como medio de desarrollo todos nos volveremos ceros y unos sin rostro y sin emociones, que todo tiene que ser frío y falso, al contrario, quiere decir que de cuanta más tecnología dispongamos más humanos tendremos que ser. "Humanizar" es la palabra.

Tendremos que humanizar a la par de digitalizar los procesos, las marcas y la interacción. En un mundo digital los más humano hará la diferencia. Y con esto no me refiero a que demos un paso atrás y todo sea hecho por personas, tenemos tecnología y la debemos aprovecharla, no hacerlo sería ir en contra de nuestra humanidad, me refiero a que todo se debe sentir verdaderamente humano, porque es para humanos, no para activos ni números.

Además, también tendremos que comportarnos como seres humanos no como dioses de la persuasión de masas, los consumidores son personas, no entes que devoran todo lo que se les ponga a su paso de forma inconsciente. En la era digital las personas son el recurso más valioso que tenemos y debemos atraerlas, obtener el permiso para entrar en sus vidas, cuidarlas, hacer que tengan una buena experiencia y buscar un crecimiento mutuo. Si esto te suena a una relación es porque así debe ser y si tus relaciones no son así es porque no estás en una relación.

Los humanos no somos perfectos en lo absoluto, así como poseemos virtudes y fortalezas también tenemos fallas y carencias, por tanto, nuestros productos, servicios, empresas y marcas también, y el hecho de humanizarlas nos deja aceptar que no son perfectas y nos permite demostrar que estamos en un proceso de innovación, mejora y evolución continua al igual que las personas. Es ahí cuando se genera la maravilla de la empatía. Si somos empáticos con los demás seres humanos ellos lo serán con nosotros.

Si comenzamos a ver a los consumidores y clientes como seres humanos será mucho más fácil y acertado entender sus motivaciones y objetivos, podremos interpretar mejor lo que desean y lo que necesitan, la comunicación será más fluida y en todas las direcciones, podremos tener relaciones libres de toxicidad y provocaremos actitudes positivas en ellos para finalmente vivir felices para siempre. Suena como un cuento de hadas, pero de eso se trata, de una relación humana sana.

Humanizar para liderar

En la era digital las marcas deben pasar de ser solo un distintivo a conectar con las personas. Los humanos nos relacionamos con otros seres humanos y creamos relaciones con ellos.

Ya no basta con tener un distintivo, nuestra marca debe ser capaz de relacionarse con las personas y para eso hay que poseer cualidades humanas que permitan la conexión, pero no solo eso, dichas cualidades deben permitirle ganarse el estatus de líder.

Debemos crear marcas que nazcan con la meta de liderar y eso solo se puede lograr con cualidades humanas como la iniciativa, la visión del futuro, el compromiso y la integridad.

Iniciativa
Una marca, debe ser la primera en dar los pasos, debe estar al frente del cambio y dar la cara ante la incertidumbre. Cuando una marca tiene iniciativa es capaz de tomar las mejores decisiones en favor de las personas que creen en ella. Esta característica también está ligada a la creatividad y poseer el conocimiento para generar ideas disruptivas y poder romper el *status quo* cambiando las reglas establecidas.

Compromiso

Esta cualidad consiste en elegir un objetivo y trabajar por él, no como una obligación sino como un deber. En el mundo digital las marcas que quieran lideran tendrán que tener la capacidad de comprometerse con ayudar y entregar valor en todo momento a sus clientes. Si el compromiso es fingido se notará instantáneamente. El compromiso debe ser real, honesto y sincero.

Visión

Las marcas deben poseer la capacidad de ver el futuro, es decir, tener una expectativa de lo que es el mañana. Una visión positiva del futuro inspira y se convierte en un punto de congregación para las personas que están atraídas a esa idea.

La iniciativa y el compromiso girar alrededor de esta visión cuya función es guiar y motivar a los demás.

Una verdadera visión no se inventa sino que surge del conocimiento profundo de un tema o del pensamiento colectivo, en este último caso solo se debe adoptar y sumarse a ella con compromiso.

Integridad

Es hacer lo correcto. Es la cualidad de distinguir entre el bien y el mal para tomar buenas decisiones. Que sin importar las circunstancias siempre se optará por hacer el bien. Es una característica que da seguridad a las personas, proyecta honestidad e inspira confianza, pues implica que la marca cumple lo prometido y ante todo, respetará sus valores.

Ser integro es sinónimo de hacer bien las cosas y no traicionarse ni traicionar anteponiendo el bien propio.

LAS MARCAS CON INICIATIVA, COMPROMISO, VISIÓN E INTEGRIDAD SERÁN QUIENES LIDEREN EL MERCADO.

Todas estas características humanizan a la marca, la hacen atractiva y le confieren el poder de liderar a la tribu, ese grupo de personas que tienen la misma visión y el mismo fin común. Una marca no debe ser perfecta pero sí un modelo inspirador a seguir.

Más de 7 mil millones

Al hablar de seres humanos hablamos de las más de 7 mil millones de personas que habitan en este mundo. Esa son muchísimas personas y cuando queremos conectar con ellas nuestra meta es poder llegar a todas. Pero eso es una tarea titánica que implicaría resolver un problema común de todos esos seres humanos. Muy pocas empresas en el mundo han llegado a impactar a tantas personas, un ejemplo de ello es Facebook que tiene 2.4 mil millones de usuarios activos mensuales[2]. Poder llegar a ser útiles y ayudar a tantas personas sería maravilloso pero incluso Facebook inició siendo un pequeño proyecto que solo intentaba conectar a los universitarios de un campus.

Es importante siempre aspirar a ayudar e impactar a la mayor cantidad de personas que podamos, pero a la par tener muy en claro quiénes serán ese primer grupo de personas con quienes comenzaremos a trabajar para un día llegar a todo el mundo. Una parte de todo el mercado.

El mercado son todos esos consumidores que comparten las características generales para acceder a nuestra oferta, el cual tendremos que dividir conscientemente para poder atender a ese primer grupo de personas de forma adecuada.

Para facilitar el proceso de división del mercado en grupos más pequeños, los asociaremos a partir de ciertas características como la edad, el sexo, el área geográfica en la que radican etc, este proceso se conoce como segmentación de mercados. Para esto hay muchas tipologías de segmentación ya sea por características demográficas, geográficas, conductuales, psicológicas etc,.

No importa cómo lo hagamos lo importante es definir de la manera más clara posible a quiénes queremos ayudar, a quiénes nos estamos dirigiendo. Lo mejor es usar todas para así construir una persona que represente a la suma de todas las características del grupo, lo que sería un arquetipo de persona ideal.

En marketing a este individuo se le conoce como *Buyer Persona,* un conjunto de atributos que nos genera una imagen mental de quién es la persona con la que hablamos, cuáles son sus dolencias o problemas y cómo es que nosotros podremos dirigirnos a ella y serle útil.

Pasaremos de intentar entender a 7 mil millones a comprender a una sola persona que por su parte representa a un conjunto de consumidores. Le ponemos un rostro, nos imaginamos cómo sería, cuál es su ritmo de vida, su edad y ocupación, cuáles son sus preocupaciones y motivaciones. Esto nos será de gran ayuda para lograr una comunicación más humana y natural, y entender quién es la persona a la que queremos ayudar.

Muchas personas comienzan con el proceso al revés primero crean una solución, después se plantean qué problema resolverán y al final a quién van a ayudar. Y por supuesto que puedes hacer las cosas así, pero sería como diseñar un traje a la medida, con características específicas y luego dárselo a probar a todos a ver si les queda y después preguntarles si les gusta o no.

Mejor diseña el traje con base en la información del individuo ideal desde el inicio, y para eso se necesita comunicación con la persona, sacar sus medidas, saber para qué quiere ese traje y finalmente que se lo pruebe para ver si realmente resuelve su problema.

Segmenta el mercado

El mercado es un todo, un ente masivo, que cuando pensamos en nuestro producto creemos que puede llegar a todos por igual. Si vendemos agua pensamos en todas las personas que beben agua, es decir, todo el mundo tiene que comprar nuestro producto. Pero entonces ¿por qué hay miles de marcas de agua distintas? Es simple, porque todas las personas somos distintas, aunque todas las personas bebemos agua no todas tenemos los mismos interés para cubrir nuestras necesidades y no solo eso, vivimos en distintos lugares, poseemos características diferentes y pensamos distinto.

Mediante la segmentación de mercados podemos dividir a una gran masa en pequeños pedacitos de acuerdo a las características que comparten para llegar a ellos de una forma más eficiente. Si sabemos qué características comparten podremos crear valor específicamente para ese segmento del mercado.

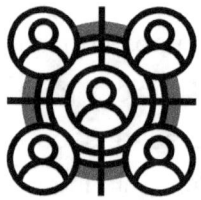

En la economía digital muchas veces no encontraremos barreras geográficas o demográficas, por lo cual pareciera que este modelo se encuentra obsoleto, sin embargo, el proceso de segmentación aún sigue siendo útil para focalizar nuestros esfuerzos y estrategias de marketing.

Podemos dividir al mercado con cuatro criterios diferentes: la segmentación geográfica, demográfica, psicográfica y conductual.

Geográfica

Nos basamos en la geografía para dividir a los mercados. Esto puede ir desde una escala continental, pasando por países y ciudades hasta llegar a radios de kilómetros muy concretos. Este tipo de segmentación nos ofrece la oportunidad de identificar necesidades inherentes a cada tipo de geografía, adaptarnos a las regulaciones y políticas de cada región.

Demográfica
Características como la edad, los ingresos, el género, el nivel educativo o el idioma etc., también son variables usadas con frecuencia para comenzar a segmentar ya que muchas veces un punto tan simple como la misma edad en un grupo de personas suele agrupar las mismas necesidades y deseos. O en el caso del idioma, aún en un medio digital, podría ser una implicación a considerar para nuestro producto que está en español y quiere llegar a un país que habla chino mandarín.
La segmentación demográfica y geográfica resultan muy útiles en el proceso de creación de anuncios digitales.

Psicográficas
En este tipo de segmentación se asume que si compartimos los aspectos psicológicos de estilo de vida y la personalidad se nos puede agrupar.
Ya que nuestras psiquis están alineadas hacia un mismo objetivo. Nuestros valores, creencias y motivaciones forman parte de los elementos a tomar en cuenta en esta clase de segmentación que se centra en lo humano y lo emocional.

Conductual
La conducta refiere al comportamiento, las actitudes y conocimientos adquiridos a lo largo de la vida de las personas. El mercado se puede dividir basado en sus ocasiones de compra como, por ejemplo, el día de la madre,

San Valentín o el día del amor y la amistad en México, también entrarían el buen fin, *hot sale* y *black friday*.

También, por los beneficios que buscan de un determinado producto, la lealtad hacia la marca y el estatus del consumidor (usuario, ex-usuario, próximo usuario) son otras de las variables que se toman en cuenta en este proceso de división.

Por su parte, la segmentación psicográfica y conductual ofrecen muchas posibilidades a la hora de crear contenido.

Normalmente no debemos limitarnos a elegir entre un método u otro, estos cuatro grupos de criterios se pueden sumar y producir un mejor entendimiento y segmentación del mercado. La idea es que al trabajarlos en conjunto seamos más concretos en la atención y entrega de valor a cada segmento.

Te dejo cuatro preguntas que te ayudarán a definir tus segmentos y enfocarte en el de mayor potencial.

1. Identificar al mercado: ¿Cuál es el mercado al que me dirijo?
2. Definir variables: ¿Con qué criterios se dividirá el mercado?

3. Crear perfiles: ¿Cuáles son los segmentos que se identifican?
4. Atractivo de segmento: ¿Qué segmento(s) ofrece(n) mayores ventajas y resulta ideal?

En el mejor de los caso, en un ejemplo ficticio del mercado de viajeros, debemos terminar con un conjunto de datos parecidos a estos:
Hombres y mujeres de entre 24 y 30 años, solteros, trabajan de forma independiente, viven en ciudades urbanas de más de un millón de habitantes de Latinoamérica, hablan español, juegan deportes, cuidan su alimentación, son optimistas y se siente atraídos por la naturaleza. Están planeando viajar dentro de los próximos 6 meses.

Define a la buyer persona

Cuando nuestro segmento se ha validado es decir que ya hay clientes reales podremos construir ese modelo de arquetipo de cliente ideal, una *Buyer Persona*. Nos valdremos de toda la información de la que disponemos para construir a una persona completa con su diferentes características. Si poseemos una base de datos de clientes puede ser un gran punto de partida.

Toda la información será analizada para detectar los datos que aparezcan con mayor frecuencia y así ir dándole un rostro a este cliente ideal que estamos construyendo, que a diferencia de la segmentación está creado de una forma más humana. Además, al tener a una *Buyer Persona* nos resultará más fácil entender cómo podemos comunicarnos con ella y entender cómo debemos ayudarla.

Hay que tener mucho cuidado en el proceso ya que no se trata de crear una persona basada en suposiciones o estereotipos preconcebidos, es todo lo contrario, son creadas a partir de investigación e información real.

Ya que es un proceso de busca humanizar a nuestros clientes, iniciaremos este la construcción definiendo quién es, como si de una persona real se tratara:

- Nombre: Nanci Martínez
- Sexo: femenino
- Edad: 26 años
- Ocupación: Fisioterapeuta independiente a domicilio
- Nivel Educativo: Licenciatura terminada
- Medios de comunicación: Instagram y YouTube y sitios web especializados.

- Objetivos: conocer los lugares más icónicos del mundo.
- Desafíos: su principal reto es poder costear un viaje internacional.
- Cómo puedo ayudar a esta persona: mi agencia de viajes puede generar un paquete de viaje a destinos turísticos icónicos del mundo que se pueda pagar a plazos.

Lo que se traduciría en: Nanci Martínez es una mujer de 26 años que se dedica a la fisioterapia a domicilio, trabaja de forma independiente desde hace 2 años, justo después de concluir su licenciatura por lo que no ha tenido tiempo de viajar al extranjero, lo que es uno de los mayores sueños en su vida.

Ya que aún está pagando las deudas de la universidad le queda muy poco para poder ahorrar. Sin embargo, mientras estaba en Instagram, como de costumbre, se topó con un anuncio que decía "que el dinero no detenga tu hambre de conocer el mundo", comenzó a seguir la cuenta y a buscarla en otras redes sociales, en YouTube encontró una serie de videos de cómo tramitar un crédito de viajes en nuestra agencia. Hoy Naomi se encuentra abordando un avión hacia Londres.

A simple vista podría parecer que la segmentación y la *Buyer Persona* son lo mismo, sin embargo al plantearnos este modelo de cliente ideal realmente podemos observar a la personas como son, con una historia, motivaciones, problemas y objetivos. La idea es simple, pero no sencilla: Ayudarlo a resolver sus problemas y cumplir sus metas.

Este arquetipo de cliente al mostrar rasgos humanos nos ofrecerá muchas oportunidades en el entendimiento de su proceso de compra, la creación de contenido y en la entrega del valor que necesitan.

Tribus digitales

Hace unos párrafos mencionamos a Facebook y decíamos lo enorme que es, pero ¿sabes realmente lo que es Facebook? Puede que tu primera idea sea entenderla como una una red social, y claro, es eso, pero damos por sentado que sólo es un aplicación en nuestro teléfono en la podremos encontrar los memes del momento, ver qué hacen nuestros amigos y quejarnos de algo. Las redes sociales son medios de congregación, interacción, consumo de contenidos y las más grandes máquinas publicitarias creadas hasta ahora.

Las redes sociales nos han permitido congregarnos e interactuar como nunca antes, podemos tener un tema de interés en común y en un santiamén congregar a millones de personas para interactuar acerca de dicho asunto. Estos temas pueden ser tan específicos como se nos ocurra.

Le dimos un nombre a estas congregaciones masivas, las llamamos comunidades y por varios años el objetivo era llegar a ellas o incluso crearlas. Era el plan perfecto, cientos de miles o incluso millones de personas congregadas para escuchar lo que tenemos que decir. Pero sucede algo curioso con las comunidades, cuando hay alguien que se pone al frente de ella y las dirige hacia un bien común, pasan a ser tribus. Ahora tienen un líder y una ideología eso es algo mucho más poderoso que simplemente una comunidad.

Seth Godin, en su libro Tribus[3], nos dice que sin un líder no hay tribu, solo una masa congregada de personas, y sin una tribu no puede haber líderes. En otras palabras, debemos encontrar a una tribu que comparta una ideología, comprometernos con ella y ayudarla a crecer.

Para lograr llegar a una tribu se requiere de un interés en común y un medio de comunicación. Las redes sociales son el medio más adecuado para propiciar o encontrar una tribu. Entender esto nos permitirá a su vez comprender que son las redes sociales y cómo se pueden convertir en nuestra mano derecha a la hora de hacer marketing digital.

Para liderar una tribu hay que ser innovadores y disruptivos, también hay que entender que una tribu no es una masa de personas actuando sin pensar, el día que ya no estemos al nivel de liderar y ayudarlos, los integrantes de la tribu serán los primeros en destituirnos. Esto es mucho mejor que la democracia, aquí no hay un poder único que tome decisiones por los demás si no que hay una voz que se levanta para decir lo que todos piensan, antes siquiera de que sepan que eso querían decir.

Hagamos un ejercicio mental y veamos a cuantas tribus pertenecemos nosotros, puede que nos encante el ejercicio y estemos conectados mediante diferentes redes sociales a marcas y personas que lideran esas tribus. En Facebook estamos en un grupo en el que se comparten recetas de comida sana, You Tube seguimos a un entrenador de alto rendimiento y en Instagram subimos nuestras fotos en el gimnasio con el hashtag #VidaFit el cual es promovido por una marca de agua que promueve esa etiqueta para congregar a una tribu.

Redes sociales

Las redes sociales son el punto de intersección entre las personas y las marcas. Es ahí donde la magia sucederá y podrán unirse si están en común acuerdo para formar una tribu en pro de un objetivo grupal.

No podemos solo obviar a estas plataformas como simples herramientas de publicidad masiva porque no lo son. Si solo ponemos anuncios y mensajes publicitarios pensando que son como la televisión pero gratis estaremos cometiendo un gran error.

Cualquiera que sea la red social que usemos debe ser vista como un canal estratégico para interactuar con las personas, con la tribu. Si queremos llegar a liderar a la tribu debemos saber que no hay cabida para el ego, es en cambio, un acto de generosidad en el que nosotros le aportamos algo a los demás, algo que le sea útil y que les ayude. Más adelante te contaré como funciona esto, pero si quieres una pista tiene que ver con la creación de contenidos, por ahora basta con que entiendas realmente para qué sirven las redes sociales.

No es necesario ahondar mucho explicando a detalle las redes sociales que existen ya que si estás leyendo este libro es seguro que hayas llegado a él mediante una red social y que entiendes para qué sirven cada una de ellas, si todavía quieres entender más a detalle el funcionamiento de cada una de ellas solo debes analizar tu comportamiento, piensa en lo que haces y lo que no, en los criterios que usas para subir tal contenido a una y no subirlo a otra. Piensa en por qué decides quedarte más tiempo en una en vez de pasarlo en otra. Si observamos con atención nuestro comportamiento y el de los demás entenderemos que diferencia hay entre cada red.

Facebook

La red social donde hay más personas concentradas en todo el planeta[4], además tiene integrado al segundo mensajero más usado del mundo, Facebook Messenger. No hace falta decir más sobre su importancia. Un lugar con tanta gente reunida implica una enorme posibilidad de interacción.

YouTube

Es un gran lugar para lograr autoridad de marca e influencia, es decir, imponer quien eres, nutrir con contenido de valor a la tribu y, por si fuera poco, es la segunda plataforma web más visitada del mundo.[5]

WhatsApp

Se debate mucho si es una red social, pero cumple con lo básico, compartir contenido y generar interacción, por cierto, es el mensajero más usado en el planeta con 1.6 billones de usuarios.[6]

Instagram

Más que la posibilidad estética que ofrece, las *stories* y ahora los *reels* son lo más potente para lograr un alcance rápido y generar interacción de calidad, requiere mucho trabajo de posicionamiento para ser visible pero cuando se logra es mucho más valioso que el de Facebook, ya que pueden brindar un mayor grado de conversión.

Tik Tok

Es el futuro. Contenido distribuido mediante redes de aprendizaje neuronal, es decir, un modelo de inteligencia artificial que aprende de nuestros hábitos de consumo de contenido y nos muestra más de eso que nos interesó, esto nos permite hacer lo mismo que Instagram pero más rápido y sin la necesidad de tener una gran cantidad de seguidores para ser relevantes ya que no se basa en quien lo publica si no específicamente en el contenido de lo publicado.

Snapchat

Con 380 millones de usuarios sigue siendo relevante si es que tu audiencia aún está ahí.[7]

Twitter

Es un buen lugar para hacer evidente la autoridad y el liderazgo además de humanizar la voz de la marca y su personalidad.

LinkedIn

Especialmente diseñado como una red profesional que ofrece una gran posibilidad para hacer negocios con otras empresas.

Estas son solo algunas de las más usadas, pero en realidad hay muchas más, incluso más especializadas y con una función muy concreta, podría parecer difícil elegir la adecuada para comenzar, así que toma estos parámetros en cuenta:

1. Limitate a tu capacidad de atención: las redes sociales no son solo cuestión de programar contenidos cada 3 días. Recordemos que esto se trata de alimentar y cuidar a una tribu. Si la empresa para la que trabajamos o nosotros mismos no disponemos de la capacidad para atenderlas adecuadamente tenemos que ser conscientes y preponderar en cuales podremos aportar más valor.

2. Facebook es Facebook: al día de hoy sigue siendo la red social más usada a nivel mundial. Y aunque me cueste aceptarlo, Facebook es el lugar que más alcance nos puede ofrecer y si vas comenzando este es el lugar indicado pues podremos aprovechar la influencia de amigos y familia.

3. Cada red social tiene su forma de comunicación, adaptate y comunícate de la forma más natural de acuerdo a la red. Quizá requiera de prueba y error pero observa, escucha y adaptate.

4. Cada día surgen nuevas redes sociales y la única forma de saber si debemos usarlas es si la tribu está ahí. Y

como dice el gurú de las redes sociales Gary Vaynerchuk,[8] "no importa qué tanto dure esa red social lo importante es que exista y que la aproveches" como en el caso de Vine y toda la gente que supo aprovechar el momento por muy efímero que este haya sido.

5. Sumado a lo anterior. Tu no decides la red social lo decide la tribu, vas hacia donde la audiencia te diga sin importar a donde. No podemos creernos tan importantes como para decirles a todo el mundo que hacer.

6. Si no tienes creatividad y generosidad no importa la red social que uses no lograrás nada, por otro lado, si tienes estas características siempre podrás explotarlas en cualquier plataforma.

7. *NO NECESITAS CONOCER NINGÚN SECRETO PARA TENER ÉXITO EN LAS REDES SOCIALES. LA RESPUESTA SIEMPRE ESTÁ EN ESCUCHAR A LA TRIBU.*

8. Aprende a usarlas usándolas: aprende sobre la marcha. Este es un proceso dinámico y cambiante siempre hay algo nuevo ya sea que vayas comenzando o que seas un veterano de las redes siempre debes ir aprendiendo al hacer. No es tan difícil como crees.

9. Aprovecha cada oportunidad para interactuar, si no interactúas estarás desperdiciando tus esfuerzos en medios sociales.

10. No te estanques y mantén la vista en el horizonte: mañana los medios que llamemos tradicionales pueden ser los que hoy conocemos como actuales. Concéntrate en exprimir todas las herramientas que te ofrecen las redes sociales de hoy pero no apartes la vista de lo nuevo que puede surgir y de hacia donde se esté moviendo la tribu.

A pesar de todo esto, una buena opción para iniciar es el combo Facebook que te incluye Facebook, Facebook messenger, Instagram y por un número telefónico más puedes agregar WhatsApp y si aun tienes capacidad agrega Tik Tok (o la red social que esté cambiando la norma) cuando hayas entendido el potencial que te ofrece.

Trabajar con redes sociales implica estar con los ojos bien abierto para descubrir las tendencias. Hoy, esto es lo que funciona, puede que mañana ya ni siquiera exista Facebook y que Tik Tok sea totalmente diferente o, incluso, que existan plataformas totalmente diferentes a lo que vemos ahora.
¿Recuerdas a Myspace.com y lo revolucionario que fue? visitalo ahora y ve en qué se ha convertido. Myspace fue la

red social más importante de 2003 y hasta 2008 cuando Facebook la eclipso por completo.

Así mismo, las redes sociales han cambiado mucho desde Myspace y, al igual que Tik Tok, hoy en día la mayoría de las plataformas ya no funcionan primordialmente con una secuencia de decisiones o algoritmos, ahora funcionan con redes de aprendizaje neuronal lo que nos obliga a centrarnos en lo importante, en el contenido y la interacción.

El marketing digital es interactuar con los seres humanos; los seres humanos se agrupan en comunidades; las comunidades interactúan y se desarrollan en redes sociales; las comunidades tienen objetivos pero sin un líder no lograran nada; si quieres liderar a tu tribu debes tener generosidad. Si eres egoísta y no sirves a la tribu en redes sociales no estarás haciendo nada.

P.D. Las personas que dicen que las redes sociales no funcionan es por qué no están ayudando, solo están vendiendo.

Empoderados

"LA NUEVA FUENTE DE PODER NO ES EL DINERO EN MANOS DE POCOS, SINO LA INFORMACIÓN EN MANOS DE MUCHOS"

John Naisbitt, experto en innovación y futuro.

Cuando era niño me encantaba hojear las enciclopedias que teníamos en casa, ver las todas las fotografías, admirar los dibujos y de vez en cuando leer alguna que otra definición. Me encantaba agarrar cualquier tomo de la estantería y buscar algo al azar. Al principio era una emoción no saber con qué me iba a topar, pero al paso de los meses el proceso se iba haciendo predecible y mis inquietudes más específicas.

A pesar de que era muchísima información en ese conjunto de libros, había dudas muy simples que no podían resolverme o temas que se habían quedado fuera.

Recuerdo que yo quería conocer todas las razas de perros y saber las características de cada uno pera en esa enciclopedia solo había media hoja dedicada a los perros y una única fotografía.

Pero como te conté al inicio de este libro, a los 9 años, en aquel cibercafé, descubrí internet y mi mundo se expandió en un segundo, en aquel entonces mi compresión del internet era minúscula, para mí era como un genio al que le podías preguntar cualquier cosa y te las contestaba en un segundo. Ese día me di cuenta de que solo un par de clics eran la distancia entre los seres humanos y toda la información del mundo.

Internet ha hecho que la información fluya con rapidez y agilidad de un extremo al otro del mundo. Vivimos en la sociedad del conocimiento. Y así como el renacimiento cambió el mundo medieval mediante el impulso de la ciencia y las artes, internet ha cambiado el mundo con la democratización del acceso a la información poniendo en nuestras manos las llaves de la puerta principal.

En la actualidad, los seres humanos podemos tener tanta información como seamos capaces de googlear y consumir. Ya nada nos limita, si desconocemos algo simplemente lo buscamos y lo añadimos a nuestro conocimiento.
Y a su vez, eso nos convierte en consumidores empoderados y sofisticados porque la información nos da el poder de consultar, distinguir y seleccionar. Ya no somos consumidores simples que se conforman con solo ver la

primera opción. Nuestro paladar se ha sofisticado hasta niveles en que nos interesa saber el proceso con el que se obtiene la materia prima con la que se elabora el producto que nos están ofreciendo o queremos saber en qué invertirá la empresa el dinero que ganó el cuatrimestre pasado.

DEJEMOS DE TRATARNOS COMO ESTÚPIDAS MAQUINAS DEVORADORAS DE LO QUE SEA QUE PONGAMOS SOBRE LA MESA, ESO SERÍA DECIR QUE TODOS ACTUAMOS ÚNICAMENTE POR IMPULSOS Y SIN USAR LA RAZÓN.

Somos consumidores informados, queremos propuestas que estén a nuestra altura, que sean útiles, que se alineen a nuestros objetivos, tenemos el acceso a la información en nuestras manos y la información nos hace poderosos.

Clave 3

DESCUBRIR Y COMPRENDER LOS PROCESOS

Siempre que veo un anuncio o proposición de venta digo que sí a todo, saco mi tarjeta de crédito y la paso lo más rápido que puedo. Es super común que cuando vemos un anuncio lo primero que hagamos sea decir "No tengo idea de quién eres y que estas vendiendo, es más, ni siquiera se si lo quiero pero lo voy a comprar".

Es un suceso maravilloso, todo el universo y nuestra vida nos trajo hasta este preciso momento en el que nos topamos con un producto o un anuncio y antes de darnos cuenta ya lo hemos comprado.

Un impulso mágico que actúa y que decide por nosotros, no tenemos que pensar, solo estar a la espera de aparezca alguien que nos quiera vender lo que sea.

El maravilloso proceso de compra que ven todos los vendedores se resume en 2 pasos, te muestro lo que quiero que compres y tú lo compras. Te pongo un anuncio frente a la cara que diga cosas como "10% de descuento", "nuevo", "aprovecha ahora", "somos los mejores" y después tú simplemente compras, porque somos seres irracionales que nos dedicamos a consumir sin razonar ni un solo segundo.

Lamentablemente, para los vendedores, este mundo no existe. Ni tú, ni yo, ni nadie compra de esa forma. No nos creamos dioses de la publicidad ni seres superiores a los demás. Nadie consume así. La realidad es mucho más compleja e intrincada, los consumidores no compramos de esta manera.

Los consumidores actuales estamos expuestos a una gran cantidad de información, medios, impulsos y motivadores. Nuestros teléfonos, la internet y los métodos de pago digitales nos han quitado todos los límites al momento de la compra. No confiamos en los vendedores, ante la duda que nos generé cualquier anuncio lo investigamos. Si queremos compramos a mitad de la noche desde la comodidad de nuestras camas y envueltos en una cobija, compramos cuando y donde nos da la gana. Pasamos horas buscando información para validar la compra que queremos hacer y en ese proceso valoramos múltiples opciones para después seleccionar la que nos resulte mejor. Y ahí no acaba todo, evaluamos el producto que hemos adquirido y si no cumple con lo que prometió o si no recibimos la atención adecuada, lo diremos.

Es una época complicada para ser un vendedor ya que los pasos que seguimos para resolver nuestras necesidades o proceso de compra, ha evolucionado y cambiado mucho, internet tiene todo que ver en esto.

Antes, la personas valoraban los anuncios porque era su forma de informarse sobre las nuevas formas en que podría cubrir sus necesidades. Los medios tradicionales como la televisión, eran nuestra fuente de conocimiento sobre todas esas novedades en el mercado.

Hoy en día, un niño de 5 años descubre por un canal en YouTube un nuevo juguete, busca en Google y lo encuentra en su color favorito, inmediatamente después, irá con sus papás y les mostrará que es lo que quiere, les dirá cuanto cuesta y donde lo pueden pedir para que llegue en menos de 24 horas.

Los padres investigarán qué tan bueno es ese nuevo juguete y si afectará positivamente a su hijo, en un artículo del blog de la marca aprenderán de los beneficios lúdicos del artículo en cuestión y en sus redes sociales verán la fotografía que subió una pareja que conocen donde se muestra a su pequeña jugando con el juguete, les preguntaran "¿Qué tal les resulto el juguete?" y la pareja contestará que la niña está encantada con él. Esa misma noche deciden realizar el pedido y una semana después suben un video en donde el niño se encuentra felizmente jugando. El video es compartido por la marca en redes sociales. Este es el mundo en el que vivimos.

Nuestras atención es cada vez más limitada, tenemos cosas más importantes por hacer que sentarnos a ver anuncios, nuestra vida es cada vez más acelerada, estamos interesados en acelerar todo lo que pueda dar unos minutos más en el día.

La línea entre lo *online* y *offline* es cada día es más delgada, lo digital está permeando todo lo que hacemos y conocemos. Los caminos que antes habían funcionado hoy se extinguen pero debido a la conectividad surgen cientos de formas nuevas de llegar.

Si en este momento vas a google y buscas "proceso de compra" te va a arrojar por lo menos 400 millones de resultados, algunos serán repetidos, otros serán variantes y hasta encontrarás propuestas muy exóticas. Esto se debe a que el proceso de compra no es totalmente lineal o circular, cambia dependiendo el giro del negocio, inclusive, dependiendo del producto o servicio modificará su ruta.

La clave está en descubrir cómo compra nuestra tribu y qué pasos recorren para finalmente llegar a la acción, si nosotros podemos definir este proceso seremos capaces de estar presentes en todos esos momentos que son decisivos.

Antes de la tribu, las personas generaban una actitud hacia distintas marcas, hoy la tribu define esa primera actitud colectiva. Por ejemplo, si eres nuevo en el mundo de los corredores descubrirás que hay marcas de zapatos deportivos que la tribu ya ha elegido, puedes comprarla con seguridad porque viene con el respaldo del colectivo y después tú podrás generar tu propia actitud.

Para lograr fidelidad nos enfocábamos únicamente en la retención y repetición de compra del consumidor, hoy es mucho más valioso generar fidelidad mediante una tribu de defensores de la marca.

Imagina que nos dedicamos a vender cunas, enfocar nuestros esfuerzos en hacer que nuestros clientes tengan más hijos no es una idea muy viable, es mejor enfocarnos en que ellos estén satisfechos y recomienden dicho producto a la tribu de papás primerizos hasta por mucho tiempo después de haber sido usuarios.

Hoy los consumidores interactuamos entre nosotros, si vamos a comprar algo nuevo preguntamos a la personas que tenemos cerca y las personas que están en internet que forman parte de nuestra tribu. Hay una relación de pedir y dar información, es una forma totalmente natural de comportarnos que internet, las redes sociales y las diversas plataformas digitales han exponenciado.

El proceso de compra

Durante mucho tiempo en el marketing se fijó la atención únicamente en la venta, se trabajaba bajo la teoría de que las personas responderían impulsivamente a dichos esfuerzos hechos por las empresas, este trabajo consistía en atraer la atención y despertar el interés con una propuesta de venta atractiva que a su vez intensificaría el deseo por nuestro producto y finalmente daría el impulso a la compra.

AIDA, que es como conocemos a este proceso de atención, interés, deseo y acción, había funcionado bastante bien como explicación al proceso de compra del consumidor hasta que llegó internet y AIDA ya no bastaba para explicar a su nuevo comportamiento.

Quiero comenzar siendo honesto, explicar el proceso de compra actual es complejo, existen miles de formas de explicarlo y me atrevo a decir que cada persona que haga marketing o estudie el proceso de compra tendrá su manera particular de entenderlo y exponerlo, pero si en algo concordamos todos es que la tecnología, el internet y las plataformas digitales forman parte de todo el proceso; y todo parte de una necesidad para finalizar con una postcompra e idealmente hacer un *loop* de repetición de consumo.

El modelo que te mostraré a continuación obedece al comportamiento actual de los consumidores conectados. Está conformado por 5 fases y una evaluación latente transversal que va sucediendo en todo momento durante las 5 etapas: 1) activación de conciencia; 2) búsqueda y aprendizaje; 3) evaluación y decisión; 4) compra; 5) experiencia y compromiso.

PROCESO DE COMPRA

La evaluación latente refiere a que en todo momento estamos conectados y evaluando todo desde la fase de conciencia hasta el compromiso, en ningún momento se detiene esta actividad y en cuanto se requiere se accede a ella porque estamos conectados en todo momento y lugar.

Activación de conciencia

Todo proceso de compra inicia mucho antes de ver un producto o un servicio, inicia con el surgimiento de una necesidad, que es la carencia de algo que requerimos para tener un vida plena. Cuando somos conscientes de que tenemos una carencia la valoraremos, le daremos una relevancia y a partir de ahí comenzará nuestro camino por satisfacerla.

La publicidad puede ser una de las forma de detonar la conciencia, ¡Ojo! la publicidad no crea necesidades solo detona y puede exponenciar la conciencia sobre las ya existentes, la tribu y su conocimiento también pueden detonar la conciencia de los integrantes, cuando formamos parte de un grupo la misma comunidad nos hace conscientes de cierta necesidades.

Por otra parte, el cuerpo también hace consciente de forma natural al ser humano de sus carencias como parte de la tarea de supervivencia.

Debemos identificar cuales son la necesidades a cubrir, cómo se detonan y cómo podemos estar ahí.

En esta fase lo más importante para la marca es que el consumidor sepa que existe y que piense en ella como primera opción cuando surge una necesidad.

Para enamorar a los consumidores tendremos que ser muy buenos observándolos y escuchándolos, a partir de ahí podremos entenderlos y entregarles el valor que ellos necesitan recibir.

Es aquí cuando tenemos que hacer que nuestra propuesta de valor se manifieste a la vista de los consumidores para pueda diferenciarnos de la masa de marcas que existe allá afuera y tenernos presentes.

Búsqueda y aprendizaje
Aquí inicia el proceso de descubrimiento. En el año 2011, Google introdujo el concepto de momento cero de la verdad o ZMOT por su siglas en inglés, este momento se define como ese instante en el que ha surgido una necesidad, sacas tu teléfono y buscas cómo resolverla.[9]

En este momento puede que no sepas muy bien qué es lo que necesitas pero sabes que debes resolverlo.
Si estás de vacaciones y tienes hambre puede que lo más fácil sea abrir un teléfono y buscar sobre los mejores restaurantes de comida local en la zona.

Otro ejemplo podría ser si tenemos calor en verano y buscamos "mejores formas de ventilar espacios pequeños" o podemos ir directo a la búsqueda de la solución "ventiladores tipo torre".

En este punto, el consumidor aprenderá hasta definir su problema y posible solución. Sin embargo, no hay forma que nuestra historia de amor pueda comenzar si no nos conocen o han oido hablar de nosotros.

Nosotros ya sabemos quienes son pero ellos no nos conocen, para esto debemos trabajar en dos flancos:
1) Haciendo que quienes ya nos conocen hablen bien de nosotros
2) Si nadie nos conoce no importa, podemos ir con ellos y presentarnos.

Lo ideal es realizar esfuerzos en ambas direcciones. Con publicidad y haciendo que hablen de nosotros, o como lo definimos en marketing, el boca a boca, así nuestra propuesta de valor viajará de persona a persona.

Evaluación y decisión
El comprador irá desechando las opciones que se le han ido presentando o que ha encontrado hasta ahora. Ha recopilado toda la información para tomar una decisión.

Corroborará y obtendrá nueva la información de ser necesario. En este punto el proceso deja de ser individual y se vuelve social, preguntará a sus amigos, familiares y a la tribu que ya nos conozca.

El factor "curiosidad" será quien llevará esta fase de evaluación. Pero aquí es como todo "Ni tanto, ni tan poco", si tiene mucha curiosidad será debido a nuestra falta de claridad en los mensajes y si tiene muy poca curiosidad es que no fuimos lo suficientemente atractivos como para que quiera saber más.

Sumado a lo anterior, que alguien más valide nuestra autoridad en esta fase será mil veces más valioso que un video nuestro diciendo que somos los mejores.

Ya sabe que le podemos ofrecer, pero ya ha conocido a muchas marcas que le han roto el corazón, antes de darnos el sí necesita averiguar si realmente todo lo bonito que le mostramos es real. Una mala reseña de nosotros en un blog le hará darse cuenta que algo no cuadra o si algunos de sus amigos le dice que cuando intento hablar con nosotros fuimos groseros podría bastar para que ya no volvamos a saber de ese consumidor, ni siquiera importa que ya esté en nuestra tienda física, si saca su teléfono en un segundo se dará cuenta realmente de quienes somos y hasta podrá compararnos con otras 100 opciones que tienen mejores referencias que nosotros.

En esta etapa los consumidores podrían llevar a cabo cuidadosos cálculos y razonamientos profundos o apoyarse únicamente de sus impulsos e intuiciones.

Un consumidor puede considerar uno o varios aspectos para una sola compra, eso dependerá totalmente de su criterio.

En cuanto el proceso de evaluación termine el consumidor tendrá un decisión tomada.

Compra
El consumidor ya tiene una decisión de compra tomada. Sin embargo, a partir de esta decisión entran en juego otro conjunto de decisiones como el lugar de compra, los métodos de pago, requisitos para efectuar la compra, etc.

Las personas esperamos que la ejecución de nuestras compras sean rápidas, fáciles, seguras y que sea de la forma más conveniente y fluida.

Lo peor que nos puede pasar es haber tomado la decisión de compra y no poder llevarla a cabo con fluidez o peor aún, no poder realizarla por un factor ajeno a nosotros mismos. Aún después de la decisión, esta es una etapa muy importante que no puede darse por sentada. La experiencia debe ser positiva, eso en más importante que la venta en sí.

Experiencia y compromiso
Una vez que ha ocurrido la compra da paso a el intercambio que nos atañe y a partir de este momento comienza la post compra.

El consumidor está a la expectativa de que su compra realmente haya valido la pena, espera que a partir de ahora el servicio o producto cumpla con lo que prometen e incluso que superen las expectativas.

Espera no tener disonancias de la compra que realizó, esa ansiedad resultado de la brecha entre lo esperado y lo real. Mientras mayor sea la brecha mayor será la disonancia e insatisfacción.

Casi en todas las compras que son de importancia para el consumidor implican algún grado de disonancia cognitiva lo ideal es que la marca esté preparada para disipar cualquier duda y así pueda asegurar la buena experiencia de compra.

El proceso de escucha y observación continúan de forma aún más activa, si llega a tener una mala experiencia y no la tratamos adecuadamente será el fin de la relación, pero no solo eso, ten presente que si una persona tiene una buena experiencia es probable que se lo cuente a 2 personas, pero sí tuvo una mala experiencia se lo dirá a 10 y este numeró incrementará de acuerdo al nivel de su mala experiencia, eso lo decide cada persona.

Los seres humanos aprendemos con cada experiencia de compra, a partir de ahí, modificamos y adaptamos nuestro comportamiento.

Si el comprador está totalmente satisfecho sentirá un compromiso con la marca o el producto que lo puede llevar desde repetir la compra y recomendar, hasta defender a la marca.

Si la experiencia con nosotros ha sido positiva y memorable podremos desarrollar fidelidad, la cual se demostrará en su permanencia como cliente, repetición de compra y recomendación a otros. Pero si hemos hecho el trabajo excelentemente bien, habremos propiciado a defensores de nuestra marca. Estos defensores hablarán bien de nosotros cuando sea requerido e incluso, como su nombre lo dice, nos defenderán ante detractores.

Los recorridos de compra del consumidor no siempre son lineales ni tienen una duración establecida, en algunos casos cada etapa la pasaremos en fracciones de segundo y en otros pueden durar días, meses o años; también, podemos omitir algunas etapas o brincar entre ellas de ida y vuelta.

Nuestro trabajo será identificar su comportamiento en cada una de estas fases y determinar cómo podemos intervenir.

Sí el proceso de compra es claro nuestras estrategias tendrán una buena base para comenzar a construirse, en cambio, si es confuso estaremos desperdiciando nuestro tiempo y recursos en estrategias mal fundamentadas.

Plasmar correctamente el proceso de compra de nuestros consumidores será esencial para entender cómo optimizar el número de defensores de la marca para que sea lo más parecido posible al número de personas que nos conocen.

Normalmente no es así, pero a eso debemos aspirar, a que si el proceso es totalmente fluido se reflejará en las ventas.

Embudos de conversión

SI NO ESTAMOS CONVIRTIENDO, NO ESTAMOS HACIENDO NADA.

Ya identificamos cuáles son los caminos por los que se desplazan los consumidores ahora podremos crearle la ruta ideal, ellos decidirán por donde transitar, nosotros solo le pondremos señales en el camino para ofrecerle la mejor ruta basada en su comportamiento.

A diferencia del proceso de compra, un embudo de conversión es el proceso que nosotros definimos para llegar a los consumidores y cumplir un objetivo. Como te decía antes, el proceso de compra define el comportamiento del consumidor y su actividad en cada fase del proceso y con el embudo de conversión definiremos como estar presentes en cada una de esas etapas para cubrir sus necesidades y llevarlo a una conversión o, finalmente, a un intercambio: una venta.

El embudo, túnel o en inglés *funnel* de conversión, marketing o venta es un proceso gradual en el que haremos que los consumidores transiten fluidamente y de la forma más natural de desconocidos a amigos, de amigos a clientes, de clientes a defensores.

¿Has visto los embudos de cocina? Bueno, regularmente el proceso de conversión tiene la misma forma. Entra mucho por la parte superior pero la salida es más lenta y en menor cantidad. Imaginémoslo así, hay 100 personas, de los cuales 70 comienzan una relación con nosotros, a su vez, solo 35 realizan una compra pero solo 20 de estos 35 hablan bien de nosotros.

Es una forma natural en la que el compromiso y la relación aumenta a medida que se baja por el embudo lo cual hace que el número que entra se vaya disipando y sea distinto al número de salida.

Cuando queremos hacer que un desconocido tome acción antes de presentarnos y generar una relación, solo tendrá una mala impresión de nosotros porque sentirá que únicamente le estamos vendiendo.

El *funnel* también sirve como un filtro, en el cual, a medida que se estreche el camino únicamente quedarán quienes verdaderamente tengan un alto potencial de conversión. Por ejemplo, puede que tengamos 10,000 seguidores en Instagram, pero no todos ahí tienes un potencial de conversión o intención de realizar un intercambio.

Podríamos generar un embudo en el que a través de una campaña solicitemos sus datos a cambio de un contenido nuestro, esta campaña se mostraría a las 10,000 personas, sin embargo, posiblemente solo 1,000 personas se registren.

Supongamos que nuestro contenido es un a guía electrónica donde al final te indica que tienes un cupón del 15% de descuento válido solo por una semana, para este punto solo 200 personas dieron el paso y usaron su cupón, después de una encuesta de servicio descubrimos que 190 personas quedaron muy satisfechas.

En este proceso descubriremos cómo van fluyendo los consumidores en el embudo que hemos diseñado, conoceremos diferentes áreas de mejora en cada nivel y podremos determinar qué factores hacen que se quede en un nivel o pase al siguiente hasta llegar al final del proceso.

Es un trabajo de optimización constante en el que no importa cuántas personas entren al embudo si no cuál es el porcentaje de ellos que llega hasta el final. Mientras más fluido sea el proceso, más iremos acercando el número de clientes que salen al número de consumidores que entran, así podremos concentrarnos en llegar a la mayor cantidad de personas posibles para hacer que transiten por el embudo.

A continuación, te presento las fases del embudo de conversión para que a partir de este modelo puedas integrarlo a tus estrategias.

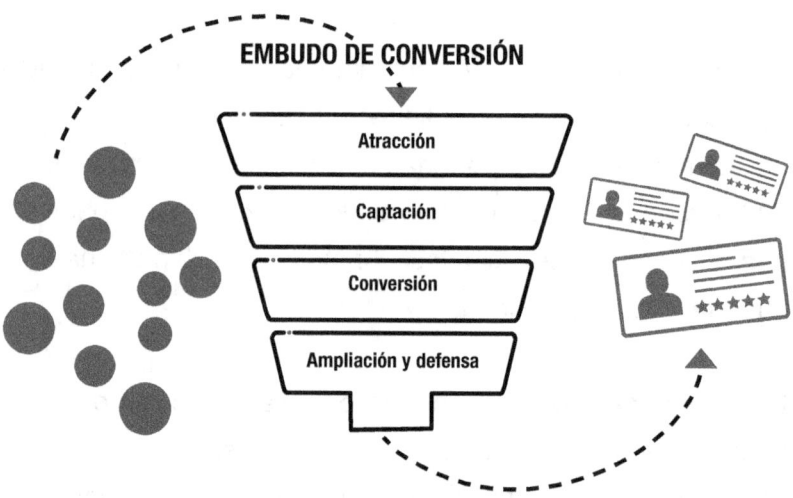

1. Atracción

En esta fase debemos asegurarnos de llegar a la mayor cantidad de consumidores posibles. Partiremos de la segmentación y la tribu.

Nos apoyaremos de estrategias combinada de outbound (anuncios) e inbound (principalmente contenidos). En el siguiente capítulo te explicaré más sobre estas metodologías.

Ya sea que lo hagamos mediante una lista de contactos, publicidad o algún contenido de valor, aunque lo ideal es que sean los 3 en conjunto, debemos atraer al mayor número de personas a la boca de nuestro embudo. La parte más alta de nuestro embudo debe funcionar como una aspiradora de consumidores o un imán capaz de atraerlos.

Mientras más personas inicien su transición por el embudo más clientes saldrán por el otro extremo.

2. Captación
El objetivo de la fase de captación es sacar a los desconocidos del anonimato intercambiando su identidad por valor. No es suficiente con que solo vean nuestros anuncios o publicaciones necesitamos hacer contacto.
En marketing se le conoce como generación de *leads*.
Básicamente un *lead* son los datos de contacto de un potencial prospecto a cliente. Es un proceso de intercambio recíproco en el que entregamos valor para recibir valor. Nuestros datos son demasiado valiosos como para darlos a cambio de cualquier cosa, nadie quiere que lo levanten un domingo a las 8:00 am para ofrecerle otra tarjeta de crédito

que no necesita, hasta tenemos cuentas de e-mail para dar en formularios en los que ya sabemos que nos van a querer vender algo, así nunca vemos esos correos.

NO PODEMOS ESPERAR QUE NOS DEN ALGO TAN VALIOSO SI LO QUE OFRECEMOS NO LO VALE.

Por otro lado, de nada servirá tener *leads* que nosotros no hemos generado, para el objetivo concreto que buscamos, eso es actuar sin permiso.

Está de más decirlo, pero si ya sabes lo valioso de estos datos que con tanto trabajo conseguiste ¡Cuidalos y protégelos más que a tu propia información!

3. Conversión

Ahora los *lead* que obtuvimos en la fase previa deberán ser filtrados, nos quedaremos con los *leads* cualificados, que son estos contactos con un alto potencial de realizar una compra y convertirse en clientes.

Es momento de disipar de toda duda a los consumidores para llevarlos a lograr la conversión final. Para este momento debemos disponer de toda la información necesaria y así ofrecerle una respuesta clara a sus preguntas.

Si sabemos con exactitud quienes son nuestros arquetipos ideales de clientes e identificamos claramente sus dudas, podremos darles respuestas antes de que siquiera el cliente se cuestione. Sumado a lo anterior, los contenidos que tengamos creados previamente serán de mucha ayuda pero el contenido creado por la tribu será invaluable, incluso si el líder de una tribu o *influencer* nos da su respaldo en algunos casos podría ser más que suficiente para eliminar cualquier duda.

Debemos ser facilitadores de respuestas y disipadores de dudas por todas las vías posibles y mientras más voces respalden lo que decimos será mucho mejor.

Nuestras vías de comunicación e información deberán estar abiertas, ser de fácil acceso e inmediatas. De nada servirá ofrecer un número de teléfono que nadie contesta o un WhatsApp y un Facebook Messenger en el que se atiende una semana después. La falta de inmediatez podría echar por la borda todos nuestros esfuerzos.

Ya han decidido qué quieren hacer un intercambio con nosotros pero aún no es hora de celebrar hasta que el intercambio este hecho. Aunque la tecnología cada día nos ofrezca nuevas formas de hacer este proceso más sencillo siempre debemos de hacerlo aún más fácil.

Dicen que *del plato a la boca se cae la sopa* y eso mismo nos puede pasar si no hacemos que la compra sea fácil, fluida y sin trabas. ¡Por Dios, ya nos dijo que sí! por lo menos debemos asegurarnos en tener todas la facilidades que podamos ofrecerles para que pueda completar el proceso.

Pensemos en cómo resolver cualquier problema que se le pudiera presentar en el camino y que podrían hacer que no pueda completar el proceso, simplemente démosle opciones. El consumidor está en su derecho de abandonar el proceso cuando quiera pero no puede ser por la culpa de nuestra falta de escucha y observación para facilitar el proceso.

4. Ampliación y Defensa
Para este punto, un porcentaje de nuestros *leads* cualificados se han de convertir en exitosamente en clientes. No basta con que logremos una venta, lo importante aquí es que el cliente tenga todos los elementos para poder compartir una experiencia positiva de su compra, el producto y nuestra marca, pero antes de eso tenemos la opción de amplificar la compra ofreciéndoles llegar al siguiente nivel de valor que podemos ofrecer.

Es decir, ahora que ya tenemos el "sí" será más fácil conseguir un "doble sí" siempre y cuando la relación costo beneficio sea mayor en el siguiente peldaño. Más adelante abordaremos el método para aumentar el valor escalonadamente.

Finalmente, debemos asegurarnos que la experiencia sea buena y cumpla con más de lo que se prometió.

SI EN EL PROCESO NO FUIMOS HONESTOS ES AQUÍ CUANDO LA VERDAD SALDRÁ A LA LUZ DE FORMA INMINENTE.

No podemos desentendernos, aún cuando el consumidor haya realizado la compra, los canales deben seguir abiertos y debemos atenderlos con la misma rapidez y facilidad que cuando queríamos que comprara porque si surge alguna situación lo mejor es que seamos los primeros en saber a que nos enteremos por terceros, así podremos hacer lo posible para remediar la situación si es algo que realmente nos compete.

En la etapa final de este embudo nos encontraremos con 3 posibles escenarios:

1. El consumidor recibió en la misma cantidad que entregó o lo que podemos llamar efecto "equis": ni bueno ni malo, es irrelevante, no hablará de nosotros porque somos equis, cuando le pregunten de nosotros solo dirá "equis, no me acuerdo". Ser equis no nos sirve.

2. El consumidor recibió menos de lo que entregó: si esto pasa debemos resolverlo cuanto antes, estar atentos y tomar las acciones necesarias. En el mejor de los casos perderemos a un cliente y en el peor de los casos

podemos entrar en una crisis que no sabremos manejar. Hoy en día cada uno de nosotros tiene el poder de colocar en *jaque* a una empresa si nos sentimos defraudados, estafados o decepcionados.

3. El consumidor recibió más de lo que entregó: ahora sí es momento de festejar, hemos hecho bien nuestro trabajo, entregamos más de lo que prometimos, le dimos una experiencia lo suficientemente buena como para querer contarle a alguien más y este en defensa de nosotros.

En términos generales, la idea es propiciar que los consumidores se vuelvan clientes y que repitan la fase de conversión y defensa satisfactoriamente cuantas veces sea posible.

Rueda de conversión del cliente

Como ya hemos visto hasta ahora, la etapa de la defensa y promoción de la marca es una de las partes más importantes en el marketing digital. En el proceso de compra te hablaba de un *loop* final, a esto es a lo que me refería, sin embargo, la metodología de rueda de conversión del cliente tiene como objetivo generar interacción entre el consumidor y la marca desde el primer contacto hasta la fidelización y promoción por parte del consumidor.

Podemos decir que el loop de conversión es la reinterpretación del embudo de marketing en el cual una vez que el cliente entra a la rueda este se queda dentro del centro y nuestros esfuerzos de marketing giran continuamente en torno a él.

El objetivo de la analogía con una rueda es eliminar todos los puntos de fricción que podrían hacer que la rueda pierda velocidad y movimiento.

ES MUCHO MÁS CARO ATRAER A UN CLIENTE NUEVO QUE MANTENER A UNO ACTUAL.

El marketing digital es continuo y nunca debe parar de girar, si bajamos la velocidad de los esfuerzos de marketing los clientes perderán impulso y paulatinamente saldrán de la rueda.

Escalera de valor

El valor se entrega en diferentes niveles y cada nivel requiere de un intercambio distinto. En marketing se le denomina como escalera de valor al proceso de planear un recorrido en el que los consumidores puedan ascender mediante diferentes intercambios.

ESCALERA DE VALOR

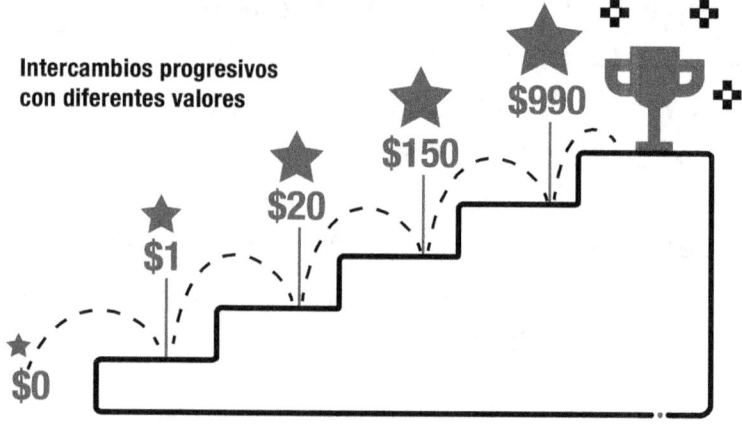

En un escalera de valor los consumidores van desde el intercambio más insignificante hasta el más significativo a la vez que en cada intercambio van recibiendo un valor más grande.

Es un proceso de ascensión que puede comenzar con un *follow* en cualquier red social y terminar obteniendo el valor más grande que nuestro negocio puede ofrecerle.

Si somos nuevos lo ideal es iniciar con la visión de construir esta secuencia de escalada, para que cada pieza contribuya a un peldaño distinto, por otro lado si ya tenemos diferentes productos lo mejor será reestructurar y configurar los escalones para que siempre exista un camino de ascensión por el cual las personas puedan iniciar su recorrido. Así podremos llevarlos de un beneficio gratuito a uno de $1 dólar, de un dólar a $20, de $20 a $150 y así sucesivamente mientras que la percepción de valor que entregamos sea mucho mayor a lo que dan a cambio.

El proceso de compra, los embudos de conversión y las escaleras de valor se producen en ese orden. Primero entendemos el proceso, después diseñamos embudos de conversión que llevaran a los consumidores por cada escalón de la escalera de valor.

Una escalera de ascensión de valor debe ser el resultado de entender qué es lo que valoran los consumidores. En cada mercado, segmento y tribu la percepción de valor es distinta, pero si escuchamos y observamos activamente comprenderemos todo el panorama del proceso de su compra y así podremos diseñar embudos de conversión que lo llevaran a obtener diferentes grados de valor según lo que esté dispuesto a intercambiar.

Es momento de cambiar de ruta.
Ingresa a erasmoherrera.com y comienza la aceleración digital.

Clave 4

INTERCAMBIOS NO MONETARIOS

En el marketing digital hay intercambios de un valor más alto que el dinero, como el permiso, la fidelidad, el apoyo, la frecuencia de compra, la defensa y evangelización de la marca por parte de los clientes. Eso vale más que el dinero que pueda traer consigo una venta. Debemos enfocarnos en que nuestros esfuerzos de marketing se dirijan hacia estos intercambios no monetarios.

UN CLIENTE FIEL NO COMPRA SOLO UNA VEZ, COMPRA TODA SU VIDA. UN CLIENTE FELIZ RECOMIENDA A LA MARCA Y LA DEFIENDE ANTE LOS DEMÁS.

Recuerdo una vez que cambié de teléfono, estaba tan satisfecho con mi compra que siempre recomendaba ese equipo a quien quisiera cambiar de teléfono, para antes de que terminara el año había logrado que 5 personas más compraran el mismo dispositivo.

Si esa marca no hubiera trabajado en conseguir mi fidelidad es probable que sólo hubiera conseguido una venta conmigo en lugar de 6. Así de poderoso es hacer intercambios no monetarios.

Hay que tener una visión todavía más amplia, es como el trueque, si las personas ven valor en lo que les ofrecemos lo intercambiarán por algo de su propiedad con un valor similar. Podemos intercambiar lo que sea, hasta por información, que es el activo con mayor valor que una empresa puede tener. Pero como sugerencia —casi norma— siempre debemos ofrecer el doble de lo que esperamos recibir.

Ten presente esto, no importa lo que intercambiemos, ya sea un producto o servicio, es una promesa, cuando hacemos una promesa a las personas no podemos fallar, deberemos cumplir con lo pactado, si no, estaremos rompiendo esa relación y podría ser irrecuperable.

Cuando comencé mi carrera en marketing lo hice trabajando para un político el cual le debía su lugar a las personas que intercambiaron sus votos por la promesa de mejoras que él les había hecho, sin embargo, incumplió tajantemente a esas promesas y les dio la espalda, sus votantes fueron traicionados.

Cuando el equipo con el que colaboraba y yo intentábamos trabajar con su presencia en medios digitales, fue una masacre. Era un comentario positivo contra 500 negativos hacia él, no importaba lo que hiciéramos, el daño estaba hecho y esas eran las consecuencias.

Fue tal el grado de tracción que personas de otros estados, incluso, de otros países estaban decepcionados y enojados con él, así que a su partido no le quedó de otra, no lo podía tener entre sus filas ni en puestos públicos. Lo sustituyeron y ahora ha desaparecido de la vida pública.

PODEMOS INTERCAMBIAR LO QUE SEA MIENTRAS CUMPLAMOS NUESTRAS PROMESAS AL PIE DE LA LETRA.

Permiso antes que interrupción

¿Cuándo fue la última vez que leíste todos los e-mails de tu carpeta de spam o qué te detuviste a leer un volante que aceptaste sin querer?

Así como la gran mayoría de las personas yo no hago estas cosas ni por aburrimiento y me cuesta trabajo creer que haya personas que disfruten de ser interrumpidos —si es que existen—.

El marketing tradicional trabaja bajo la premisa de interrumpir a la mayor cantidad de personas posible para así llamar la atención de unos cuantos, es decir, sabían que debían interrumpir a 1 millón de personas para conseguir mil ventas pero si querían cuatro mil ventas interrumpían a esas personas 10 veces más. Era un juego entre alcance y frecuencia. Más ventas eran igual a mostrar sus anuncios a más personas la mayor cantidad de veces posibles.

En un inicio esta práctica era muy efectiva y la relación entre alcance y frecuencia siempre podía aumentarse, reflejándose así, en las ventas.

No obstante, a medida que nuestras vidas se fueron volviendo más complejas y nuestro tiempo se fue limitando, comenzamos a aumentar el valor de en dónde ponemos nuestra atención. En la actualidad nuestro nivel de atención está por debajo de los 5 segundos lo que significa que incluso en un par de segundos podemos decidir si algo es relevante o no.

La publicidad respondió a esos cambios, con mayor frecuencia y con la implementación de desesperados señuelos para captar y retener la atención. Pero los niveles de eficiencia ya no son los mismos, el mercado de la publicidad está saturado y los consumidores están hartos. Es por eso que vender es tan ineficiente en esta época.

Hace ya un tiempo la publicidad funciona bajo demanda, nosotros decidimos cuándo saltarla o cuándo darle el permiso de seguir hablándonos. Piensa en los anuncios previos a un video en YouTube, si nos resulta interesante somos benevolentes y lo dejamos seguir, pero si en esos 5 segundos no nos aporta nada lo saltamos sin mayor consideración.

El mundo actual funciona a base del permiso. Convirtiéndose este en otro de los grandes activos por el que debemos trabajar para poder acceder a él. Conseguir dicho permiso es una gran inversión ya que crece y evoluciona con el tiempo.

CUANDO ALGUIEN NOS CONCEDE SU PERMISO ESTÁ CONFIANDO EN NOSOTROS.

El permiso es confianza y la confianza se gana, no es algo que se da así nada más, se debe cuidar y valorar como el preciado activo que es.

Obtener la confianza de las personas es un trabajo que se tiene que hacer todos los días para llevar a los consumidores por un viaje en el que pasarán de ser desconocidos a ser clientes satisfechos.

Conseguir el permiso de los consumidores es como querer conquistar al amor de tu vida, tendrás que ir lento pero seguro, si te pasas de intenso posiblemente arruines todo, comenzarás por presentarte, mostrarte de forma natural y dejarte conocer, llegado el momento invitarás a salir a esa persona, al cabo de varias citas y algunos detalles ofrecidos quizá sea el momento de preguntarle si quiere ser tu pareja, si todo va bien y ambos están de acuerdo comenzarán una relación. Quizá, al paso de los años le preguntes si se quiere casar contigo y diga que sí.

Ese "gran sí" llevó tiempo y requirió de una relación, la cual, si no se hubiera desarrollado adecuadamente hubiese terminado. Y todo se basó en un permiso que fue creciendo a lo largo de la relación, el permiso te dejó aumentar la frecuencia de citas.
No puedes solo conocer a la persona y pedirle que te acompañe al bautizo de tus sobrinos para presentarle a toda tu familia. No funciona así en las relaciones ni el marketing.

Si logramos que los consumidores confíen en nosotros y nos digan que sí por primera vez, es muy probable que nos vuelvan a decir que sí la siguiente vez, claro, si trabajamos la relación, ya que el permiso se forja con la repetición comenzado con un pequeño permiso hasta llegar a uno más alto.

No es que la publicidad no funcione, es solo que ya no funciona como antes lo hacía, el permiso es la clave para que las personas decidan ver qué ofrecemos, cómo podemos ayudarles y a su vez permitir el aumento de la frecuencia de comunicación.

Es como cuando la tienda que nos gusta nos invita a suscribirnos a su boletín de noticias, entonces, a partir de ahí, por lo menos cada semana nos envían un e-mail con las promociones y descuentos que ofrecen, en seguida, nos encontramos pensando en que color queremos el nuevo producto.

Esto se debe a que el permiso dado por el cliente facilita y hace eficiente la frecuencia, puede llegar a reducir los costos de generar esa frecuencia a $0. Una vez que tenemos su permiso podemos empezar a comunicarnos por canales de nuestra propiedad sin costos extras.

Un permiso bien trabajado puede lograr que la cantidad de tiempo que los consumidores son nuestros clientes aumente considerablemente así como el ingreso que nos aporta, a esto se le conoce como *Life Time Value* o valor de vida del cliente.

También, puede impactar en el gasto promedio que el cliente hace con nosotros y aumentarlo, es decir, que quieran adquirir más en la misma compra y así su *ticket* promedio crezca.

Pero no todo es miel sobre hojuelas, al igual que en el ejemplo que te di sobre precipitarnos en las relaciones, si fallamos a nuestros compromisos o no logramos satisfacer a los consumidores perderemos ese permiso que tanto trabajo costó obtener, recuerda que el permiso es confianza y la confianza se puede ganar y perder.

GANAR LA CONFIANZA CUESTA MUCHO TRABAJO PERO PARA PERDERLA SOLO HACE FALTA UN PEQUEÑO ERROR.

Evita cometer deslices en la relación con tus clientes, enfócate en ellos y solo en ellos, soluciona sus problemas, gánate su permiso, ofrece beneficios que puedan notar, llévalos de un pequeño permiso a otro de mayor nivel y no abuses de su confianza.

Seth Godin, quien definió el término de marketing del permiso deja el concepto muy claro en una sola frase:

"EL MARKETING TRADICIONAL ES UN CAZADOR Y EL MARKETING BASADO EN EL PERMISO ES UN AGRICULTOR".

El marketing tradicional hace lo necesario para cazar a su presa y una vez que come ya no le interesa más, por otro lado, el marketing digital se basa en el permiso como puerta de entrada y planta esas pequeñas semillas que cuida día a día hasta tener un gran árbol que le ofrecerá sus frutos, y si trata cuidadosamente a ese árbol los frutos serán continuos.

DEJEMOS DE INTERRUMPIR A LOS CONSUMIDORES QUE NO NOS HAN DADO SU CONSENTIMIENTO Y TRABAJEMOS EN GANARNOS SU PERMISO MEDIANTE UNA RELACIÓN.

Al hacer marketing nos vamos a encontrar con una infinidad de estrategias tan particulares como servicios y productos existen en el mundo, de acuerdo a nuestro giro, mercado y objetivos podremos implementar una u otra, es cuestión de planificar y elegir las herramientas más adecuadas para implementar en una estrategia. Sin embargo, existen dos grandes metodologías para empezar a realizar esfuerzos de marketing digital y aunque tengan dos enfoques distintos entre ellas, pueden y deben trabajar en conjunto, son acoplables, y de la mano de una buena estrategia son la combinación perfecta.

Por un lado tenemos a las estrategias salientes cuyo objetivo es interrumpir al consumidor, como un vendedor que va de puerta en puerta sin que se le haya hecho una invitación, su trabajo es tocar tantas puertas como sea posible y mostrar su propuesta de valor de la forma más atractiva para que a pesar de no haber sido solicitado se convierta en algo relevante.

En el otro extremo tenemos a las estrategias entrantes basadas en la atracción de los consumidores haciendo que él nos encuentre a nosotros, es como crear un imán de personas. Este concepto es inherente al marketing digital, se basa en el permiso y se apoya en gran medida de la creación de contenido que funge como ese imán que atraerá a los consumidores ofreciéndoles valor.

Otra analogía que se me ocurre para explicar estas dos visiones de hacer marketing es que el outbound marketing nos interrumpe y nos arroja en la cara un pastel a la espera de que se nos antoje y el Inbound Marketing, por su parte, nos atrae con el aroma del pastel para que podamos seguir el camino.

Estas dos filosofías deben coexistir a la par en nuestras estrategias de marketing digital, aunque todo dependerá de los objetivos que nos planteemos y de los recursos de los cuales dispongamos.

Outbound

Si bien esta metodología procede de la esencia del marketing tradicional no significa que no sirva. El outbound marketing ha evolucionado con la humanidad, se ha adaptado a las nuevas tendencias de consumo y ha tomado un nuevo aire con las herramientas digitales.

El comportamiento de los consumidores hace que cada día resulte menos eficiente llegar a ellos solo con estrategias de interrupción, pero aún sigue dando resultados y cada vez es más barato implementarlo.

No obstante, que esto no te haga caer en una zona de conformidad. Si bien usar esta estrategia ahora está a un clic y $1 dólar de distancia, si no son usadas adecuadamente solo estarás tirando tu presupuesto a la basura.

El outbound marketing no ha muerto para nada, pero la cantidad de atención que hoy pueden brindarnos las personas es muy poca, por lo que se requiere una propuesta de valor totalmente diferenciable y muy atractiva, mayor frecuencia de los anuncios que se muestran a las personas y una mejor optimización y creación de material publicitario. El outbound se encuentra viviendo en una época bastante desafiante que le exige un entendimiento profundo de los seres humanos y una transformación constante.

Herramientas de outbound

En la época del marketing de interrupción teníamos en primer lugar a canales ya clásicos como lo son la televisión, la radio, revistas y periódicos, vallas publicitarias etc., sin embargo, en la era digital los presupuestos de publicidad se han decantado mayormente por dos grandes plataformas: Facebook Ads que la integran Facebook, Instagram y WhatsApp —por ahora— con más de 5 mil millones de usuarios en conjunto[10]; Google Ads quien controla el mayor buscador de internet del mundo con más de 7 mil millones de búsquedas al día, y a la amplísima red de sitios web que muestran sus anuncios con un alcance que puede llegar al 90% de los usuarios de internet en el planeta.[11]

Siento que acabo de presentar a dos superhéroes con sus respectivos superpoderes, es impactante el hecho de saber que a nivel global estas dos empresas mueven, por lo menos, el 51% de todo el presupuesto destinado a publicidad.[12]

Ambas plataformas son las máquinas publicitarias más grandes que existen en el mundo entero.

No es necesario que seas un experto para poder comenzar a usar estas herramientas, ambas cuentan con una versión rápida para poner en circulación los anuncios, te permiten hacer un seguimiento y usar los paneles de analítica de datos para medir los resultado. La clave reside en hacerlo bien, porque como te dije antes, son tan fáciles de usar que cualquiera puede poner anuncios, pero no cualquiera puede llegar a impactar a las personas adecuadas, generar contactos e interacción, reproducciones de video, clics y ya ni hablar de ventas o metas de conversión.

El presupuesto que invirtamos tampoco solucionará los problemas de una mala estrategia publicitaria o que esté alejada de nuestro objetivo de marketing.

Son herramientas muy poderosas que si sabes usar estratégicamente podrás sacarles un gran provecho y beneficiarte de ellas.

Anuncios en Facebook Ads

En el caso de Facebook Ads el proceso de puesta en marcha de un anuncio se encuentra dividido en 6 partes, pero antes de iniciar es preciso tener activa una página de Facebook (*Fan page*) que es de donde saldrán los anuncios. Una vez hecho *check* en este punto deberemos definir nuestro objetivo de campaña.

1. Objetivo

La plataforma nos da a elegir entre 3 tipos de objetivos. Que se dividen en 3 diferentes niveles de contacto.

1. Reconocimiento: estos objetivos se centran en aumentar la exposición, frecuencia y alcance, que serán útiles para mostrar nuestros anuncios a la mayor cantidad de personas posibles. En este primer contacto nos enfocamos en presentarnos de la mejor forma. Es estar en un extremo de la pista de baile y entre todas las personas centrarnos en una, hacer que nos voltee a ver y

saludar con la mirada. Es sutil pero funciona para que sepa que existimos.

2. Consideración: están centrados en generar interacciones, desde reproducciones de video efectivas, mensajes, clics en nuestros diferentes enlaces hasta la obtención de datos de las posibles personas que más interesadas están en nosotros. Este es nuestro segundo movimiento en la pista de baile, ya nos hicimos notar con muchas personas ahora es momento de ver a quiénes les resultamos atractivos, quienes nos sonríen, quienes quieren hablar con nosotros y quienes nos dan su número.

3. Conversión: son todos esos objetivos enfocados en lograr que las personas realicen acciones concretas en nuestras aplicaciones móviles, sitio web e incluso en un negocio físico. Aquí es el momento de la verdad para llegar a algo más serio pues implica que las personas tienen que llevar a cabo una acción concreta.

Veremos si nuestro trabajo previo tuvo resultado y acepta seguir la fiesta con nosotros o se termina el proceso de conquista.

Para elegir entre uno y otro objetivo deberemos saber exactamente en qué punto de la conquista nos encontramos, es usar como punto de partida el embudo de ventas para elegir el objetivo publicitario más adecuado para nuestra etapa de conversión.

2. Público

Si vamos a hacer outbound marketing es esencial definir de manera concreta ese segmento de todo el mercado al que nos vamos a dirigir o todavía mejor, saber exactamente cuales son las características de nuestra tribu. Regresando al ejemplo de la pista de baile, si no sabemos a quién le sonreímos, dónde está o le sonreímos a todos al mismo tiempo nadie nos verá. Será enviar nuestro mensaje a todos y hablarle a todos es hablarle a nadie.

Nos valdremos de la información de nuestro segmento de mercado y delimitaremos geográficamente en donde se mostrará nuestro anuncio. Desde una ciudad o un país completo hasta definir la ubicación de nuestro establecimiento físico y decirle que muestre el anuncio a las personas que estén en un radio de 5 km de distancia.

También, estableceremos el perfil demográfico de las personas a las que queremos llegar con variables como la edad, sexo, formación académica, estado civil y mucho más. Así mismo, es esencial establecer cuáles son sus intereses y pasatiempos, desde si son afines a los autos, e incluso, si son fans de la saga de películas *Rápido y Furioso*.

Facebook sabe más de nuestro comportamiento que nosotros mismos, sabe qué nos gusta, qué hemos hecho, dónde hemos estado y qué hemos compramos desde la plataforma. Conoce nuestros hábitos de consumo y por eso también es muy importante definir en cuál comportamiento nos enfocaremos.

Está demás decir que Facebook sabe quienes son nuestros amigos, quienes son las personas con características más similares a nosotros y concretamente cuáles son esas características. La plataforma también nos brinda la posibilidad de escoger y activar este tipo de conexiones.

3. Ubicaciones
Que no te confundan los términos, no es lo mismo que delimitar geográficamente en donde actuará nuestra campaña. Aquí se trata de seleccionar en qué redes y en qué formatos se mostrarán los anuncios. Automáticamente la plataforma selecciona todas las redes y formatos disponibles para el tipo de objetivo que elegimos. Pero hay que tener en cuenta que cada formato implicará en algunos casos tener el mismo anuncio adaptado a un tamaño, formato y hasta a una duración específica.

Facebook Ads también está integrada por Instagram y entre ambas cuentan con muchas variables de ubicaciones para colocar anuncios.

4. Presupuesto y calendario

Tendremos que tener bien definido cuánto dinero vamos a invertir y por cuánto tiempo lo vamos a hacer. Nadie quiere llevarse sorpresas al momento de pagar la factura, es por eso que lo mejor es definir concretamente el límite de presupuesto que estamos dispuestos a gastar por día o por la duración de nuestra campaña y delimitar muy bien por cuánto tiempo estará activa.

Esta parte es definida particularmente por cada uno de nuestros objetivos de campaña y recursos. No obstante, un muy corto tiempo de campaña sumado a un bajísimo presupuesto, por lo regular, harán que nuestra campaña se diluya en el mar de anuncios de Facebook y que no logré nada.

5. Formato

Como te decía más arriba, Facebook es una máquina publicitaria y cada vez expande más la formas en las que podemos anunciarnos, sin embargo, para poder sacarle el mayor provecho debemos generar un material publicitario que cumpla los requerimientos de las ubicaciones en las que nos interesa aparecer.

El formato está estrechamente relacionado a la ubicación de anuncio, ya que según las localizaciones que elijamos, nos desplegará uno u otro formato para anunciarnos.

Es aquí en donde decidiremos cómo vamos a contar nuestra historia, si nos valdremos de imágenes, videos u otros recursos. Es donde la parte creativa de la publicidad entra en acción y creamos el material más atractivo alineado a lograr nuestro objetivo.

6. Subasta

Una vez creada nuestra campaña podremos lanzarla, pasará por un proceso de revisión y cuando finalmente se encuentre aprobada comenzará la subasta.

Facebook Ads trabaja con un sistema de subasta de anuncios, que más bien es de usuarios, la relevancia de nuestro anuncio, que se define por la calidad del mismo y nuestro presupuesto compiten contra otros anuncios que quieren llegar al mismo usuario, disputan entre sí para ver quién paga más y quién es más relevante para el usuario, el anuncio que gane la subasta será quien se muestre y el perdedor pasará a ser mostrado a otro usuario o en otro momento menos relevante para él.

Recuerda: Facebook conoce muy bien nuestro comportamiento, los usuarios con alta posibilidad de ayudarnos a llegar a nuestro objetivo de campaña y sus momentos de mayor atención y receptividad cuestan más.

El sistema de subasta de anuncios es cruel pero justo, los buenos anuncios van primero. Siendo así, nuestro anuncio podría ubicarse en uno de estos 4 cuadrantes.

Relación de presupuesto-contenido

	Presupuesto +	Zona segura
⚠️	Publicidad poco relevante y presupuesto competitivo ☆☆☆☆☆	Publicidad relevante y presupuesto competitivo ★★★★★
⏱️🗑️	Publicidad poco relevante y presupuesto poco competitivo ☆☆☆☆☆	Publicidad relevante y presupuesto poco competitivo ★★★☆☆
	−	Calidad de contenido +

1. Publicidad relevante y presupuesto competitivo: si tienes un material publicitario relevante para el usuario y un presupuesto competitivo tu anuncio se mostrará eficientemente a una gran cantidad de personas con altas probabilidades de alinearse a tus objetivos de campaña

2. Publicidad relevante y presupuesto poco competitivo: en este caso aún podrías llegar a una cantidad de usuarios bastante buena, ya que para Facebook el contenido es más relevante que el presupuesto y te mostrarás primero que anuncios malos con alto presupuesto. Si no tienes mucho presupuesto lo mejor será centrarte en la

relevancia de tu material publicitario, aunque de hecho, siempre es mejor centrarse en crear buen material y esto tiene que ver más con el contenido que con la calidad técnica.

3. Publicidad poco relevante y presupuesto competitivo: esto es una perdida de dinero total, incluso, creo que este es el peor de los escenarios en el que pueden encontrarse tus anuncios. Llegarás a pocas personas a un costo muy alto y raramente lograras tus objetivos. Pero si ya tienes un buen presupuesto trabaja en crear contenido relevante.

4. Publicidad poco relevante y presupuesto poco competitivo: una gran parte de personas que hacen anuncios en Facebook Ads se encuentran aquí y es por eso que su publicidad nunca va a funcionar. Si tu problema es el presupuesto concéntrate en el contenido y si tu problema es el contenido concéntrate doblemente en el contenido. En el marketing digital el contenido relevante y de valor puede más que el dinero. Si te encuentras aquí es porque tu propuesta de valor no se refleja en tus anuncios o no es suficientemente atractiva para las personas a las que quieres llegar.

Anuncios en Google Ads

Puede que cuando estés comenzando a hacer marketing digital la empresa para la que trabajas, tu cliente o tú a un no tengan un sitio web y por eso usar Google Ads te parezca algo más lejano o complicado. Pero en la actualidad Google nos ofrece estructuras de campaña que no requieren forzosamente tener un sitio web al cual enlazarla.

Aun así, no te mentiré, Google Ads es un sistema de anuncios que no resulta tan intuitivo al comienzo ya que su sistema principal de anuncios está centrado en las búsquedas. Si el usuario encaja perfectamente en nuestro perfil de consumidor pero no está buscando lo que estamos ofreciendo simplemente nuestro anuncio no aparecerá. De igual manera, sin un sitio web no exprimiremos todas las bondades que puede ofrecernos la plataforma.

Google Ads es diferente, pero eso que lo hace diferente es su mayor virtud, ya que si alguien busca lo que nosotros ofrecemos, las posibilidades de generar un intercambio son muy altas porque ya existe una necesidad previamente identificada por el usuario, si él realizó una búsqueda de gimnasios es probable que esté buscando el más cercano para inscribirse. Es el momento cero de la verdad.

Estar en el momento y lugar adecuado es la clave, ya que si nuestro gimnasio es el primero en aparecer y cumplimos con lo que el usuario busca, las probabilidades de que se quede con nosotros son mucho más altas.

La plataforma de anuncios de Google Ads tiene muchas variantes, pero la más relevante y eficiente es la búsqueda. Este tipo de anuncio se basa en las palabras claves o *keywords,* como más comúnmente se les conoce, es aquí donde está el foco.

Nuestras búsquedas pueden ir en distintos niveles desde "Me conviene inscribirme a un gimnasio de 24 horas" hasta " Gimnasio 24 horas barato en Ciudad de México", en ambas podemos encontrar palabras claves como "Gimnasio", "24 horas" "inscribirme", "conviene", "barato" y "Ciudad de México", y sí nuestro gimnasio es 24 horas se ubica en la Ciudad de México y además tenemos un descuento conveniente para los nuevos inscritos, ya sabemos cuales son las palabras claves que debemos seleccionar. Es así como funcionan las keywords y términos de búsqueda.

Google posee toda la información de qué y cómo buscamos, de qué pasa cuando buscamos un término u otro, así pondera esas palabras y las ofrece a los anunciantes para que aparezcan en los primeros lugares de las búsquedas, creando una relación entre búsqueda, *keyword* y anuncio.

Al igual que Facebook Ads, la plataforma de anuncios de Google funciona con un sistema de subasta, a mayor puja, relevancia de anuncio y calidad del sitio, se gana la subasta y el anuncio se coloca por encima de otros.

Hoy en día Google Ads nos ofrece una interfaz muy al estilo Facebook para elaborar anuncios, así que la ruta de creación resulta muy familiar. Sin embargo, la parte más importante recae no en la elaboración del anuncio si no en la selección de las palabras claves más adecuadas y alineadas al objetivo que queremos lograr ya que no es lo mismo buscar "cómo mejorar el ambiente en casa" a "qué tipo de plantas quedan mejor en las salas" o "arreglo floral para mesa de centro" son distintos niveles de relación y debemos identificar muy bien el nivel en el cual vamos a trabajar. Lo ideal sería tener en funcionamiento una estrategia enfocada a cada nivel.

Aquí nuestra propuesta de valor toma mucha relevancia, ya que nos dará los parámetros para diferenciarnos de los demás. En el mercado de plantas y flores hay miles de competidores, unos enfocados a arreglos con fines románticos, otros se enfocan en flores para funerales y nosotros en flores ornamentales para interiores de entrega inmediata.

También, se definirá el presupuesto que estamos dispuestos a pagar ya sea por clic (CPC, costo por clic), en donde pagaremos únicamente por los clic que se hagan en nuestro anuncio; por impresiones (CPM, costo por millar de impresiones), la cantidad de veces que se muestra nuestro anuncio, regularmente se paga un costo por cada mil impresiones; acciones (CPA, costo por acción) pagaremos por acciones específicas que los usuarios realicen en la página de destino.

Google también nos permite segmentar en donde se mostrarán nuestros anuncios de acuerdo al área geográfica, ubicaciones y dispositivos.

A partir de este punto, con nuestra propuesta clara y un objetivo definido, seleccionaremos las palabras claves y términos de búsqueda que más se alineen a estos objetivos.

Ponte en el lugar de los usuarios y piensa cómo buscarían, usa el sentido menos común de todos los sentidos: el sentido común, y piensa como los demás.

Hay muchísimas herramientas que nos ayudan a buscar y seleccionar palabras claves. Pero créeme que si tienes un sentido común bien desarrollado y te dedicas a conocer y comprender el proceso de compra de tus clientes a detalle podrás entender cómo es que realizan sus búsquedas y tendrás el punto de partida para seleccionar tus *keywords*. Apoyate de las herramientas y softwares tecnológicos que te puedan servir en este proceso y después con el análisis de datos y estadísticas verifica el rendimiento que te genera cada una de esas palabras.

Esto no es una adivinanza ni un juego de azar, es un proceso de descubrimiento. Hay que descubrir cuáles son esas palabras claves con las que las personas que están en nuestro segmentos realizan sus búsquedas.

Tenemos que alejarnos de las palabras claves genéricas que ya están abarrotadas por todos los anunciantes y que generan los costos más elevados, ya que en la subasta por dicha palabra hay muchos anunciantes pujando. Además, si queremos comprar un par de zapatos no escribimos "zapatos" en el buscador, tampoco buscamos "comprar zapatos" porque ya hemos aprendido que una búsqueda genérica arroja resultados genéricos, en cambio, refinamos la búsqueda y le agregamos más características como "zapatos negros de noche para evento de gala" así de concretos y específicos podemos llegar a ser, tan es así que, entre el 80 y 90% de las búsquedas se realizan de esta forma.

Aunque la palabra clave "zapatos" tenga millones de búsqueda al día, la gente nunca encuentra lo que necesita de esta forma, en el proceso de búsqueda van siendo más específicos y después buscan "zapatos negros", después de un par de clics se encontrarán buscando "zapatos negros de noche para evento de gala" y si después de realizar esta búsqueda aparece tu anuncio de zapatos negros de gala ten por seguro que tu probabilidad que lograr una venta aumentan muchísimo.

Encontrar esta combinación de palabras deberá ser nuestra prioridad ya que el costo por ellas es mucho más bajo que una genérica, dependiendo de la combinación casi no hay competencia con otros anunciantes lo que conlleva a un mejor grado de conversión.

Poner en marcha una campaña en Google al igual que en Facebook implican un trabajo de monitoreo diario desde el día uno hasta el día en que finaliza la campaña, deberemos medir su funcionamiento y realizar los ajustes necesarios constantemente.

A la hora de pautar, que es como se define al proceso de creación de anuncios pagados, debemos de tener en claro algunos puntos que nos ayudarán a generar mejores propuestas publicitarias sin importar la plataforma que usemos:

1. Una propuesta de valor bien definida será lo que haga que tu anuncio valga la pena.
2. Define el presupuesto adecuado y no lo rebases.
3. Establece un objetivo inteligente que sea medible y alcanzable.
4. Segmenta con precisión y enfocandote en tu tribu.
5. Crea material publicitario relevante, pertinente, creativo y valioso.
6. Monitorea frecuentemente.

El uso del outbound marketing debe ser con responsabilidad y conciencia, y no como una única salida, sino como parte del binomio efectivo que forma al trabajar en conjunto con estrategias de inbound.

LAS ESTRATEGIAS DE OUTBOUND POR SÍ SOLAS ÚNICAMENTE SON ANUNCIOS CON EL OBJETIVO DE VENDER.

En el siguiente capítulo de este libro te mostraré el maravilloso mundo del inbound marketing, la creación de contenidos, cómo esta visión puede convertirnos en agricultores de clientes y cómo puede mejorar la eficiencia de nuestras estrategias de outbound.

¿Quieres más?
Ingresa a erasmoherrera.com y comienza la aceleración digital.

Clave 5

LA CREATIVIDAD COMO COMBUSTIBLE

Hay quienes definen al marketing como el arte de satisfacer las necesidades del mercado y ciertamente algo de razón tienen en clasificarlo como arte, porque para hacer marketing hay que crear y, a su vez, crear es creatividad.

Puedo decir que hacer marketing es creatividad pura, sin ella no podremos entregar el valor necesario a las personas para generar un intercambio.

Hay que ser creativos para innovar, para entender los intrincados recorridos de compra del consumidor, para crear correlaciones con los datos que tenemos, para resolver los problemas de las personas y para usar todas las herramientas y plataformas digitales que tenemos a nuestra disposición.

La creatividad es una habilidad propia de los seres humanos que nos permite observar, analizar, relacionar y responder a nuestro entorno con una creación.

En nuestro día a día, sin importar nuestras ocupaciones, siempre estamos creando, cada respuesta a los estímulos que nos impactan es una creación, desde el hecho de como nos peinamos, vestimos o como servimos el desayuno es una muestra de creatividad.

No obstante, la creatividad es un músculo que requiere ejercitarse, si queremos ser más creativos hay que trabajarlo todos los días, es como ir al gimnasio y hacer ejercicio, pero en este caso la forma de nutrir la creatividad es más divertida porque implica leer, observar, escuchar, sentir y crear. Hay que consumir de todo, estar actualizándonos constantemente.

SER CREATIVO TAMBIÉN SIGNIFICA NO HACERLE CASO AL MIEDO Y REALIZAR COSAS NUEVAS Y DIFERENTES. MIENTRAS MENOS CASO LE HAGAMOS AL MIEDO, MÁS CREATIVOS LLEGAREMOS A SER.

Pero seamos claros, si no eres lo suficientemente creativo tu mundo siempre será pequeño, las cosas que puedes hacer y lo que puedes lograr no estarán más allá de tus narices, estarás atado a lo que conoces y no podrás ver todos los infinitos caminos que están frente a ti. Si no sabes hacer algo, apréndelo, si hay algo que no puedas resolver, googlealo y ve quién y cómo lo han resuelto.

La gente que hacía marketing en el pasado soñaba con tener una fracción de las herramientas digitales que tenemos en la actualidad. Hoy tenemos aplicaciones en nuestros teléfonos para hacer de todo, podemos acceder a internet y con unos cuantos clics encontramos una solución que se puede integrar perfectamente a nuestras estrategias.

Ya no hay nada que nos detenga, ni siquiera la falta de recursos económicos, hay una versión gratuita de lo que sea que necesitemos, solo es cuestión de ser creativos, explorar y encontrar, y claro, de no dejar que el miedo nos detenga.

En 1991, Tim Berners-Lee, publicaba la primera página de internet escrita en código HTML, sin colores, fotos o videos, solo texto estático. Hoy podemos encontrar herramientas para crear sitios web completos sin usar nada de código y únicamente soltando elementos en la pantalla, podemos crear super producciones de video en Tik Tok y retocar nuestras fotografías en automático en aplicaciones que funcionan con inteligencia artificial.

ESTAMOS EN LA MEJOR ÉPOCA DE LA HUMANIDAD PARA EXPLOTAR NUESTRA CREATIVIDAD.

Cuando estaba en la preparatoria, la maestra de nuestro taller de informática nos dejó como proyecto final realizar un sitio web bastante simple a partir de las pocas líneas de código y comandos que nos enseñó a lo largo del curso. Mi equipo de trabajo, es decir, mis amigos y yo, rara vez entrábamos a las clases y cuando entrábamos lo último que hacíamos era poner atención, así que decidimos hacer lo más sensato, pagarle a un programador profesional por realizar nuestro proyecto final, no fue la mejor solución pero nuestra creatividad no daba para más.

Llegó el día de la entrega final en el cual se premiaría al mejor sitio web, al final del día no solo pasamos la materia, sino que ganamos el primer lugar, obviamente porque nuestro sitio era el único que había sido desarrollado por un programador profesional.

Pero ganar fue lo peor que nos pudo haber pasado ese momento, parte del premio era representar a la escuela en el concurso estatal de informática y entregar la semana siguiente el proyecto que habíamos realizado. El problema fue que el desarrollador que contratamos había realizado nuestro sitio en un sistema muchísimo más avanzado al que nos enseñaron en la escuela y no teníamos ni idea de cómo entregarlo.

En ese momento el reto era diseñar en una semana un sitio exactamente igual de avanzado al que habíamos comprado, pero en el lenguaje de programación que nos habían enseñado en la escuela. Ya no había vuelta atrás, era eso o aceptar frente a todos los directivos de la escuela que nuestro proyecto era comprado, reprobar la materia y quizá arriesgarnos a la expulsión de la escuela.

Para ese momento no sabía absolutamente nada de programación, pero a partir de de esa necesidad mi creatividad explotó, lo único que pensaba es que seguramente no era la primera persona en el mundo con ese problema y busqué por todos los rincones de internet hasta que encontré una herramienta gratuita para crear sitios sin usar programación, me ofrecía 7 días de prueba gratuita, justo lo necesario para realizar el sitio completo y entregarlo, a pesar de que no requería la escritura de código era un software nuevo que tenía que aprender a usar en una semana y realizar la réplica del sitio que ya teníamos.
Pasé varias noches sin dormir investigando su uso y diseñando el sitio pero al final lo logré y en el proceso

conocí muchísimas nuevas herramientas que no tenía idea que existían, y claro, nos salve de repetir la materia.

Pero gané algo mucho mejor que no repetir una materia, mi creatividad y mis límites habían crecido más de lo que lo hicieron en toda la preparatoria.

A los pocos meses monté un sitio para vender mis servicios de desarrollo web y junto a mis amigos vendimos un par de páginas. Curiosamente, para ese entonces la plataforma donde desarrollaba era la misma en la que trabajaba el programador profesional que contratamos en un principio para realizarnos el proyecto escolar.

No son los conocimientos que tenemos, es cómo usamos la creatividad para resolver problemas y adquirir conocimientos. Si un chico irresponsable de 17 años pudo hacerlo creo que cualquiera puede, solo se necesita ser creativo.

Hace unos años volví a la creación de sitios web, todo ha cambiado y ahora es muchísimo más fácil, tenemos millones de recursos de ayuda y no solo para la creación de sitios si no para todo lo que se nos ocurra. Por muy avanzado y difícil que parezca, con curiosidad y mucha creatividad encontraremos la forma de resolverlo y enriquecer nuestras estrategias.

Inbound

Para este momento ya te estarás preguntando cómo puedes ayudar a tus clientes, ofrecerles valor, atraerlos y generar intercambios sin tener que interrumpirlos. No te preocupes, ya está aquí el marketing de atracción.

Si el marketing tradicional tenía a su superpoder, la publicidad; el marketing digital tiene el suyo: los contenidos.

Básicamente esta metodología de hacer marketing se trata de usar publicidad no intrusiva para llegar a los usuarios y atraerlos mediante la entrega de valor, interactuar con ellos y así generar una relación de confianza que pueda desembocar en un intercambio. Esta es una forma más humana de lograr ventas, primero nos enfocamos en ayudar a nuestros consumidores y después en ganarnos su confianza para que nos permitan venderle nuestra solución. Con esta estrategia de marketing acompañaremos a las personas de principio a fin en su recorrido de compra, desde que llegan a nosotros hasta que nos recomienda con sus amigos puesto que el inbound es una visión a largo plazo.

A diferencia de la publicidad tradicional que resulta intrusiva al llegar a los consumidores el inbound marketing es relevante y hace que sean los consumidores quienes lleguen a nosotros para que los ayudemos. Es por eso que el contenido de alto valor para nuestros prospectos y clientes es el as bajo la manga del inbound marketing, tanto es así que un buen contenido revitalizará nuestros esfuerzos publicitarios para que en la era digital sean relevantes.

El inbound y outbound se complementan en su totalidad, ya que una buena pauta puede hacer que nuestro contenido llegue a las personas que más lo necesitan y lo valoran, de esta forma mediante la publicidad aceleramos el iniciar un proceso más humano y orgánico de compra como lo es el marketing de atracción.

Si solo estás haciendo publicidad o piensas que el marketing digital solo es poner anuncios en Facebook, estás totalmente en un error, te recuerdo que el marketing actual es ayudar y la filosofía de inbound es entregar valor, por eso cobra tanta relevancia en el marketing digital actual.

ESTÁS A TIEMPO PARA CAMBIAR EL ENFOQUE, COMENZAR A AYUDAR Y REALMENTE SOLUCIONAR PROBLEMAS.

Muchas veces pensamos que ayudar es difícil y que lo más fácil es pagar un par de dólares y anunciarnos, creemos que así se solucionarán nuestros problemas de venta, sin embargo, por más contraintuitivo que parezca, en la actualidad, anunciarnos solo para vender es difícil.

No queremos que nos vendan, estamos hartos de ver anuncios y hasta pagamos para no verlos, usamos herramientas para bloquearlos y cada que tenemos la posibilidad los saltamos en cuanto podemos. Nos resulta prescindible y poco relevante que nos cuenten lo que hacen y lo que venden.

El mundo actual funciona bajo demanda, si yo como consumidor quiero saber de ti, te buscaré, pero no me llames, yo te llamo si te necesito. Solo espero que estés ahí con la respuesta correcta y con algo que ofrecer cuando te necesite.

Por otro lado, ayudar al ofrecer valor mediante contenidos es la manera de poner a nuestros consumidores en primer plano, tratarlos con la importancia que tienen y no subestimarlos. Es un proceso honesto y humano de dar y recibir antes de siquiera hacer una propuesta de venta, esa oportunidad la ganaremos con nuestros actos.

Estas estrategias de atracción se componen principalmente de contenidos distribuidos por diferentes canales que en lugar de presionar al consumidor a que en una fracción de segundos decida si quiere o no nuestro producto le pediremos que nos deje tomar su mano y lo guiaremos en el proceso de convertirse de un desconocido a un amigo mediante el intercambio de contenido valioso para él.

Saber el proceso de compra de nuestros consumidores, conocer perfectamente a nuestra tribu y tener bien definido a nuestra *Buyer Persona* serán elementos esenciales para poder comenzar a realizar marketing de atracción, porque a partir de estos elementos sabremos quién es, cómo se desplaza en su camino hacia la compra y que requiere en cada etapa del proceso.

Es decir, si ya sabemos que nuestro cliente ideal es un agente de seguridad pública que le interesa ascender de rango, le ofreceremos un artículo con consejos de tácticas de seguridad ya que sabemos que está en una primera etapa del proceso, después lo invitaremos a una clase gratuita sobre los beneficios de contar con un entrenamiento táctico adecuado y finalmente le propondremos que se inscriba a nuestro curso de entrenamiento táctico y estratégico para agentes de seguridad.

Crear contenidos no solo es crear memes para nuestra página de Facebook, subir bonitas fotografías a Instagram o un vídeo en 8K con una gran producción de cine a YouTube, se trata de que esos contenidos cumplan un objetivo específico en los procesos de compra de las personas a las que nos estamos enfocando.

Es muy importante que ese contenido sea de valor para las personas en las que estamos enfocadas para que vayan subiendo de nivel a lo largo de todo el proceso. No podemos forzar a los consumidores a que salten de un nivel a otro si aún no están listos, ellos son quienes decidirán si quieren o no seguir el camino y cuándo seguirlo, nuestro contenido debe estar disponible para cuando ellos los necesiten.

El objetivo es justamente ese, poder ayudar cuando nos necesiten. Muchos podrán vender en el momento que sea pero muy pocos estarán disponibles para ofrecer su apoyo cuando el consumidor lo requiera y eso vale muchísimo para las personas.

Es como ser el amigo que siempre está en los momentos difíciles y en el momento que tenga que decidir a qué amigos invita a su boda nosotros seguramente estemos en la lista con una bonita mesa asignada. Los seres humanos funcionamos así, somos más propensos a acercarnos con quienes ya tenemos familiaridad y hemos generado cierta empatía. Es por eso que primero crearemos relaciones y no propuestas de venta.

El marketing de contenidos requiere que afines tus habilidades de observación, escucha, pertinencia y creatividad ya que consiste en crear, seleccionar y distribuir contenidos de valor relevantes y útiles para atraer y generar comunicación.

Si lo hacemos bien, en el interior de esos contenidos estaremos contando historias sobre nosotros y cómo podemos ayudarlos. ¡Ojo! esto último no es vender, es contar algo pertinente para los consumidores, si comenzamos a usar nuestros contenidos para vender simplemente estaremos haciendo eso, vendiendo, no intentemos engañar a nadie porque somos los únicos que resultaremos engañados.

EL CONTENIDO NO DEBE SER PUBLICIDAD, LA PUBLICIDAD SÍ DEBE SER CONTENIDO.

Un anuncio contiene una proposición e información que se quiere compartir a favor de la marca para generar una venta. El marketing de contenidos debe contener información que los consumidores quieran y puedan usar a su favor. Un buen contenido tendrá la capacidad de resolver un problema, aclarar dudas y así generar valor.

Podremos tener el contenido mejor producido del mundo pero si esa obra de arte no resulta de valor para nuestros clientes, la pieza no funciona, los consumidores son quienes deciden si eso que les estamos ofreciendo es relevante.

Imagina que tienes hambre y la solución que te dan es una copa del vino más caro del lugar, será un vino muy bueno pero lo que tu necesitas no lo conseguiste y ese vino carísimo no te soluciona nada ya que tu problema sigue existiendo y deberás buscar a alguien más que te lo solucione.

Creación de contenido

Es momento de comenzar a crear valor y entregarlo. Pero antes de comenzar hay que observar nuestro entorno y a nosotros mismos, ver qué están haciendo los demás y saber cuál es nuestra capacidad y recursos para comenzar. Que esto último no te frene, en la estrategia de creación de contenido si no tenemos dinero ni exposición, la creatividad será nuestra habilidad más importante para comenzar a crear. Solo es cuestión de usar todas las herramientas que tengamos a nuestra disposición.

Hacer marketing de contenidos es como hacer pasteles y venderlos, primero tenemos reunir los materiales, después mezclar y hornear para finalmente decorar y venderlos. No se nada de pasteles, solo una vez en mi vida he horneado algo, pero pensemos en los procesos para crear este pastel como preproducción, producción, postproducción y distribución.

Si recorremos cada una de estas etapas correctamente tendremos un contenido eficaz que se puede evaluar y mejorar.

1. Fijar objetivos

¿Qué queremos conseguir?

Los objetivos que fijemos para nuestro contenido deberán ir direccionados a nuestra estrategia general de marketing. Es decir, si nuestro objetivo general es aumentar un 10% la cantidad de nuevos contactos de posibles clientes, el objetivo de mi contenido podría ser incrementar en un 30% el número de clics en el botón de "más información" de mi sitio. De tal forma que el contenido que hagamos tendría que incentivar a las personas a solicitar más información, esto no es simplemente subir una imagen a nuestras redes sociales que diga "visita minegocio.com y solicita más información" aquí no hay ningún valor. Usemos nuestra creatividad y ayudemos a las personas.

Más adelante trataremos a profundidad el tema de los objetivos.

2. Conoce a tu tribu

¿A quién va dirigido?

Define a la perfección a quienes les estás hablando. No les podemos hablar a todos de la misma forma ni con los mismos recursos, en este punto debemos acotar muy bien, ponerle rostro y nombre a esas personas a quienes va dirigido nuestro contenido. Y mientras más específicos seamos podremos crear contenido mucho más relevante y profundo para cada segmento de nuestros clientes. Si somos muy generales puede que nuestro contenido se apto para todos pero no alcanzará a ser relevante para nadie, es por eso que debemos tener bien identificadas a nuestras tribus.

3. Desarrollo de contenido

¿Qué quiere la tribu?, ¿Qué necesitan?, ¿Qué puedo hacer para ayudarlo?

Así podremos identificar inquietudes específicas y elaborar contenido teniendo en cuenta nuestros recursos y de esa manera resolver sus inquietudes.

Aquí será muy importante escuchar y observar para encontrar los temas más relevantes, elegir los formatos correctos y la narrativa adecuada. No es lo mismo hacer un libro electrónico sobre recetas de cocina de la historia de México del 1800 al año 2000, que una serie de videos cortos sobre "los 10 platillos más representativos de mexicanos que puedes preparar desde tu casa", puede que la primera opción le resulte más valiosa a una tribu interesada en cultura gastronómica, pero si nuestra tribu está conformada por comidistas jóvenes quizá la serie de videos cortos les pueda resultar más relevante y muchísimo más valiosa. Ambas opciones son válidas siempre y cuando sean de alto valor para las personas a quienes van dirigidas.

La figura de una *Buyer Persona* te será sumamente útil para identificar el contenido que debes ofrecer.

Hoy en día estamos expuestos a un mar de información en el que nuestro contenido debe ser un faro que ayude a las personas que están navegando. Si nuestro contenido no es útil los consumidores simplemente lo ignorarán.

Si ya sabemos que vamos a decir, es muy importante saber cómo lo vamos a contar. Recordemos que esto no es solo hablar por hablar, todo tiene un objetivo, cada palabra, cada imagen o cada *clip* de video serán cuidadosamente elegidos para lograr ser la conexión entre la marca, las inquietudes de los consumidores y el objetivo previamente planteado. Nuestro contenido será una mezcla homogénea de estos 3 elementos contados en el formato más adecuado.

En el caso de los formatos es simple, si lo podemos distribuir mediante plataformas digitales ya tenemos un contenido. Desde un blog, una infografía hasta una transmisión en vivo y lo que se invente en los próximos años. El chiste del formato es que debe ser de fácil acceso y visibilidad para quienes fue diseñado, si no es así tendremos que cambiar de formato. Siempre que tengamos una combinación y secuencia adecuada podremos acompañar a los consumidores en todo su proceso de compra resolviendo sus inquietudes.

Sé creativo, explora diferentes formatos y no aburras a las personas con el mismo contenido presentado de la misma forma de siempre.

4. Crear contenido

¡Manos a la obra!

Bien, para este punto ya hemos definido qué es lo que vamos a crear y para eso vamos usar todos los recursos que tengamos disponibles. Aquí es cuando la creatividad tiene que explotar para poder maximizar nuestros recursos.

Quizá decidiste hacer un cortometraje protagonizado por algún ganador del Óscar, pero el presupuesto que tienes es $0. Tendrás que solucionarlo con las herramientas que tienes y entregar el contenido de más alta calidad que puedas lograr. La falta de presupuesto no te debe impedir cumplir con la calidad mínima que esperan los consumidores del contenido y del formato seleccionado. Por otro lado si tenemos el presupuesto pero no el conocimiento para hacer este contenido tendremos que recurrir a alguien más para que lo haga.

Si queremos hacer esta serie de vídeos sobre comida, podemos ser nosotros quienes elaboren toda la pieza audiovisual o contratar un equipo especializado en la creación de este tipo de contenidos.

NO IMPORTA QUÉ Y CÓMO LO HAGAS, LO IMPORTANTE ES QUE EL CONTENIDO SEA COHERENTE CON UNA ESTRATEGIA, QUE CAUTIVE CON SU HISTORIA Y QUE SEA CONSTANTE.

5. Distribución
¿Cómo lo entregaremos?
En este punto da igual que tu contenido sea bueno, si no llega a quienes debe llegar solo será un bonito recuerdo del tiempo y recursos que invertiste en él, en otras palabras, será inútil.

Imagina invitar a una fiesta en tu casa sin hacer ninguna invitar de ninguna forma. Por mucho que las personas quieran ir a una fiesta, nadie llegará, porque ni siquiera saben que existe esa fiesta. Lo mismo sucede con el contenido al que no se "invita" a las personas.

Tenemos distintas formas de poner nuestro contenido a un clic de distancia de los consumidores. Desde un simple post en redes sociales con una buena llamada a la acción que invite a dar clic en el enlace hacia nuestro sitio web hasta una campaña pautada donde captaremos clientes potenciales a los que se les hará llegar nuestro contenido vía correo electrónico. Existen tres grupos principales canales para cumplir con esta tarea:

- Medios propios: son los canales que controlamos plenamente y que son de nuestra propiedad, por lo cual publicar en ellos no implica un costo extra. Un ejemplo son las redes sociales, el sitio web o nuestro blog. Sin embargo, que sean medios sin costo no los exime de una gestión constante y una inversión de recursos para hacer un buen trabajo. Si no se gestionan adecuadamente echaremos a perder esos medios.

- Medios de pago: básicamente es pautar para que nuestro contenido sea mostrado. Cuando estamos comenzando ésta podría ser una buena forma de acelerar la entrega de nuestro contenido a las personas adecuadas. También, nos servirá cuando ya llevemos tiempo, pero nos interesa que nuestro contenido llegue a la mayor cantidad de personas. Si nuestro contenido es bueno los medios de pago harán que explote rápidamente, pero si no es bueno solamente será un anuncio más en medio de millones de anuncios.

- Medios gratuitos: si hemos realizado un buen trabajo de marca y gestión de comunidades tendremos acceso a la recomendación. Es decir, si nuestro contenido es bueno los consumidores lo compartirán y se lo harán llegar a otras personas. Los seres humanos estamos diseñados para entregar valor a otras personas y si consideramos que algo es valioso sentimos la necesidad de mostrárselo a los demás. Estos medios son muy poderosos y más cuando están acompañados de otros canales para optimizar la distribución.

Te dejo algunas recomendaciones finales para cuando estés creando contenido:

1. Sí no hay una estrategia clara solo estas perdiendo tu tiempo y recursos.
2. Cuenta historias a través de los contenidos, se innovador y atrévete a hacer cosas distintas.
3. Calidad antes que cantidad. Pero mientras más hagas mejor.
4. La perfección no existe es subjetiva. Si no compartes tus contenidos hasta que sean perfectos nunca lo harás.
5. Escucha y observa. Escucha y observa. ¡Escucha y observa!
6. El contenido debe ayudar, si no aporta nada no sirve. Mientras más valor entregues más estarás ayudando y más valor podrás recibir.
7. Las personas son quienes atraerán a otras personas. Enfoquemos nuestro contenido a las personas.

8. Crea un contenido, divídelo en 100 y adáptalo de forma natural a los diferentes formatos y plataformas de distribución.
9. Compensa tu falta de recursos con mucha dedicación.
10. Haz que tus contenidos propicien conversaciones.

Hacer contenidos es un acto de generosidad, que involucra de forma recíproca un intercambio de valor entre la marca y los consumidores, en ese orden.

NO IMPORTA A QUE TE DEDIQUES O A QUÉ SECTOR PERTENECE LA EMPRESA PARA LA QUE TRABAJAS, DEBES CREAR CONTENIDO SI QUIERES SER RELEVANTE.

Si eres un mal creador de contenidos solo trabaja el doble que los demás, aprende por tu cuenta, adquiere las habilidades necesarias y no culpes a nadie por no poder generar contenidos eficientes que cumplan los objetivos.

No nacemos con todas estas habilidades, no te abrumes por eso, pero tampoco te detengas. Experimenta y usa todas las herramientas y tecnología que tengas a tu disposición.

La web

Quizá no lo recuerdes o estés muy joven para haberlo vivido pero hace tiempo en una época no tan distante, antes de la existencia de las redes sociales, el mundo era muy diferente al que conocemos ahora, no existían los teléfonos inteligentes, Netflix se dedicaba a rentar películas enviándolas por correo a tu casa, Amazon solo vendía libros y Google intentaba ser comprado por el todopoderoso Yahoo! Depende de tu edad te preguntarás ¿Qué es un Yahoo!?

No importa, qué es un Yahoo! Lo importante es que en esa época todos querían tener un sitio web, eran los 90´s y un sitio web representaba la cúspide de la modernidad en los negocios. Nadie sabía qué hacer con ellos ni cómo funcionaban solo querían uno y mientras más llenos de cualquier cosa, mejor.
Miles de personas crearon un sitio web para hacerse ricos. Ni siquiera tenía que funcionar, no hacía falta creatividad, decías cualquier cosa le añadías un ".com" al final y ya tenías una idea millonaria. Era una época mágica, la gente invertía millones y las cotizaciones en la bolsa estaban por lo cielos, internet crecía y todos eran muy felices.
Hasta que se toparon de frente con la realidad, la gran mayoría de esos "Negocios.com" no servían para nada, la gran mayoría de ellos no estaban haciendo ni un solo centavo. Eso fue a finales de la década de los 90',s.

A ese periodo de tiempo se le dio el nombre de "El boom de las punto com" o "La burbuja de las punto com". Fue una purga total de internet.

El mercado le había dado demasiado valor a las empresas que trabajaban con internet como base, el valor se alejó cada vez más de la realidad, muchas empresas estaban sobrevaluadas y como una burbuja de jabón que crece demasiado, llega a su límite de tensión y estalla.
Sin embargo, como toda tormenta, después de la devastación llega la calma y el mercado se estabiliza. Además, toda esta parte de la historia sentó las bases de la economía digital, una economía fundamentada en la internet.

En la actualidad parece que todo se centra en hacer negocios en línea, todo el mundo habla de como ganar dinero en internet, lo ven como algo nuevo que acaba de surgir, cuando ya tiene unos 30 años de edad.

Y aun así, hay mucha gente que aun usa la misma metodología de hace 3 décadas a la hora de plantearse un estar en internet o hacer un negocio digital, es decir, hacer cualquier cosa ponerle un punto com al final y creer que con eso es suficiente.

En el mejor de los casos no gastan nada en montarse un sitio inútil, pero en otros la gente paga mucho dinero en complejos y robustos sitios que aun así no sirven para otra cosa que ser un monumento a la empresa en el que cuentan su misión, visión y valores que seguramente el programador tuvo que copiar de otro sitio.

En la actualidad es tan fácil estar en internet que hay demasiada basura inútil por todos lados, por suerte los únicos que tienen acceso a ella son sus propietarios porque nadie visita esas cosas.

Un buen sitio es aquel que cumple un objetivo, no el más bonito ni el más tecnológico, si el sitio no cumple un objetivo concreto entonces no tiene motivo de existir y lo mismo sucede con cada una de las secciones o páginas que componen el sitio.

Debemos comprender que nuestro sitio es nuestra casa, oficina y punto de venta, y en algunos casos, el producto en sí mismo, y trabajado correctamente se puede convertir en nuestro activo más productivo en la era digital puesto que es ahí donde todos nuestros esfuerzos de marketing convergen.

Un sitio ideal

En la actualidad un sitio idealmente debe cumplir con 4 factores: un objetivo, ser usable, ofrecer una buena experiencia de usuario y *mobile first*.

Objetivo del sitio

El sitio podrá proporcionar una gran experiencia al usuario y tener un uso intuitivo, pero si no cumple un objetivo claro qué sentido tiene su existencia.

Antes que cualquier otra cosa, cada elemento, cada sección, cada página y el sitio completo deben cumplir un objetivo concreto en nuestra empresa o estrategia de marketing.

Muchas veces un sitio completo no sirve de nada en una estrategia y solo basta un llamado a la acción, " visita tal página para descargar nuestra guía", una página con un texto que diga "¿Quieres saber más? déjanos tus datos y descarga nuestra guía gratuita" y un formulario de contacto, a este tipo de páginas las conocemos como página de aterrizaje o *landing page*. El objetivo de esta es que los usuarios puedan realizar una acción específica, en este caso pasar de ser desconocidos a *leads* y comenzar su camino en el embudo de conversión.

EL CUMPLIR UN OBJETIVO VA ANTES DE TODO YA QUE SIN ÉL NADA EN EL SITIO TENDRÁ SENTIDO NI SERVIRÁ PARA NADA.

Usabilidad

Ahora que ya contamos con un porqué claro, es momento de centrarse en la usabilidad del sitio. En pocas palabras, ¿qué tan fácil de usar es el sitio? Puede que sea feo y viejo pero si tiene una estructura clara y toda su tecnología funciona correctamente para poder cumplir el objetivo de forma eficiente entonces cumple con la usabilidad.

¿De qué sirve hacer un sitio web super revolucionario si le tenemos que dar un manual de 200 hojas a nuestros usuarios para que puedan navegar en él?

El usuario va antes que la tecnología, ya que la innovación debe servir para facilitar la vida a las personas.

Cuando Apple lanzó el primer iPhone lo hizo centrándose en el usuario, y cuando en la época otras empresas desarrollaban dispositivos que se controlaban con periféricos que imitaban a los lápices para interactuar con el sistema, Apple desarrolló un sistema pensado en los dedos ya que ellos decían que esa era una forma más natural de los seres humanos para interactuar con el mundo.
Y estaban en lo cierto, solo observemos a un bebé usando un teléfono, automáticamente tiende a tocarlo y tras unos intentos y un breve proceso de aprendizaje sabrá desbloquearlo y como interactuar con él.

Este es el principio de la usabilidad web, que implique el menor o nulo proceso de aprendizaje para que los usuarios puedan llegar a cumplir sus objetivos, la usabilidad es el primer punto de contacto hacia la experiencia del usuario

Experiencia del usuario
La experiencia con un sitio web solo puede desembocar en uno de dos resultados: buena o mala. Aquí usaremos la tecnología para humanizar lo más que se pueda la relación con el usuario y ofrecerle una experiencia memorable, positiva y que apele a sus emociones.

RECORDEMOS QUE EN LA ERA DIGITAL MIENTRAS MÁS HUMANO SEA TODO, SERÁ MEJOR.

La experiencia de usuario se centra precisamente en eso, en la percepción positiva que le pueda producir a las personas.

Aquí entran en juego factores como la estética, la interacción y el contenido.
Para este momento ya damos por hecho la usabilidad del sitio con un enfoque a la experiencia del usuario y el porqué debemos tener contenido de valor en cualquiera que sea la plataforma de distribución.

Es hasta este punto entra en juego la estética pero es uno de los aspectos más importantes, ya que como dicen *de la vista nace el amor* y esto es percepción pura, si algo te parece visualmente atractivo estás predispuesto a tener una buena experiencia, elevará tus expectativas, provocará un efecto positivo de inmediato y te generará confianza.

Por su parte la interacción hace referencia a los caminos que el usuario recorrerá y los pasos quedará. Nuestro sitio debe ser menos como un metro en el que para llegar a un punto debemos pasar por muchas estaciones y debe ser más como un teletransportador en el que llegar a cualquier lugar sea fácil y sin complicaciones.

Una buena experiencia de usuario es un factor vital para la decisión de compra, de ahí su importancia.

Mobile First
Hay una cuarta cosa a tener en cuenta en la creación de sitios web en la actualidad, una que como su nombre lo dice "móviles primero". En 2020 el 53.3 % de tráfico en internet proviene de un teléfono inteligente,[13] un número que cada día no hace más que crecer, además, se estima que para el 2021 el número de estos dispositivos alcance los 3.8 mil millones de unidades.[14]

Tan solo en México, de los usuarios conectados a internet, el 92.7% accede desde un smartphone, contra un 64% que accede desde una computadora de sobremesa o laptop, eso quiere decir que para un 30% de los usuarios el teléfono es su principal o única vía de conexión a internet y esto es solo un espejo de la tendencia mundial.[15]

Mobile first es la metodología enfocada en desarrollar primero para móviles y luego adaptarlo a otro tipo de computadoras.

Hace muy poco tiempo se desarrollaba primero pensando en todo el panorama que ofrecía una computadora de sobremesa o laptop y después se adaptaba para una versión móvil. En cambio, ahora la versión móvil debe ser la prioridad, considerando todas sus limitaciones y bondades, *Mobile First* es experiencia de usuario a la máxima potencia ya que ponemos la web en nuestras manos acortando la distancia entre máquina y ser humano.

Cada cierto tiempo surgen nuevas tecnologías que dan un golpe sobre la mesa para llamar la atención, ese tiempo entre una y otra cada vez se va acortando.

Cuando aparecieron las redes sociales todo el mundo quería estar en una y todas las empresas abrieron cuentas indiscriminadamente, cuando las apps móviles llegaron surgieron aplicaciones inútiles que no tenían razón de ser más que la del ejecutivo que las autorizó. Pasó con la web, la realidad aumentada, la realidad virtual, la impresión 3D, el *blockchain* y el *bitcoin* e incluso con Tik Tok, siempre hay un gran revuelo al inicio pero después se estabilizan y se estandarizan las tecnologías, los grandes ganadores serán quienes sepan ver al horizonte, darse cuenta de lo que se avecina y que nada tienen que ver con lo que la gran mayoría ve ahora.

Solo piensa en los smartphone cuando fueron lanzados al mercado, contadas personas se dieron cuenta de que ese dispositivo se iba a convertir en el punto de conexión entre nuestras vidas y el resto del mundo.

Ser un visionario es creatividad en su estado más puro, es usar la imaginación para ver lo que pocos pueden distinguir y crear lo que nadie ha siquiera imaginado. La web, las aplicaciones, la redes sociales, los smartphones y los seres humanos cada día se funden más y resulta difícil entender la existencia de uno sin los otros. No es necesario encontrar las separación entre humanos y tecnologías, solo apropiarnos y coexistir con ellas como parte de nuestra vida.

Toma la delantera.
Ingresa a erasmoherrera.com y comienza la aceleración digital.

Clave 6

ANALIZA Y OPTIMIZA TODO

La optimización a través del análisis de datos siempre ha sido parte del marketing y con la llegada de la era digital ésta practica creció exponencialmente, más tecnología es igual a más poder de medición y analítica. Ahora todo es medible y todo aquello que es medible se puede mejorar.

Bendito internet que nos trajo las métricas digitales, esa bella posibilidad de cuantificar una acción, fijarla a un objetivo y medir su resultado. Y espera, porque no acaba ahí, una vez que tenemos un resultado lo podemos comparar y hacer los ajustes necesarios en tiempo real para cumplir los objetivos planteados.

EN UN MUNDO DIGITAL QUIEN NO MEJORA ES PORQUE NO SABE QUE PUEDE MEJORAR O PORQUE REALMENTE NO QUIERE.

Para iniciar no requieres saber cálculo cuántico de partículas subatómicas —si es que eso existe— solo necesitas saber sumar, restar, dividir y multiplicar. Bueno, es más, creo que ni siquiera necesitas eso, las herramientas de análisis de datos ya hacen esas operaciones por nosotros, me atreveré a regresar al tema anterior y te repetiré que solo se necesita ser creativo a la hora de interpretar la información y ajustar o crear las estrategias necesarias para alcanzar los objetivos fijados. Los números no mienten y la analítica no es la excepción.

Pero ojo con esto, no se trata de dejar de lado lo humano ya que es aquí cuando más humano se tiene que ser y para eso nos vamos a valer de los datos.

Solo piénsalo así, ¿cómo saber si un cliente está satisfecho con nosotros?, quizá porque nos dijo gracias demos por sentado que agradece nuestro servicio y por consiguiente está satisfecho, caso cerrado. —¡No tan rápido, detective! — Un simple gracias no dice mucho de su proceso de compra, ni de si se siente motivado a recomendarnos con sus amigos o de si volverá a comprarnos.

Pero que tal si hiciéramos una encuesta en la que cada pregunta representara un paso en su proceso de compra desde que nos vio en un anuncio hasta que usó nuestro producto o servicio. Ahí podríamos realmente cuantificar y ponerle un número a la satisfacción y tener un parámetro que se puede optimizar.

Y aún lo podemos llevar todavía más lejos, si no queremos hacer una encuesta también podemos realizar un seguimiento de su comportamiento en nuestros diferentes medios digitales, calcular el tiempo que se pasó viendo nuestro video publicitario, cuántas veces y en qué horarios entró a nuestro sitio y la cantidad de interacciones que tuvo en nuestras redes sociales. Así pues, podríamos mejorar su experiencia en cada uno de esos micro momentos para finalmente mejorar su experiencia global y que no solo nos recomiende con un amigo si no que nos recomiende a todos sus amigos y seguidores en redes sociales.

Asimismo, hay que saber qué medir y cómo medirlo. No podemos medir así porque sí y decir que un número tal representa éxito. Hay que organizar las métricas e identificar cuáles son las que están directamente relacionadas con lo que realmente nos importa: una buena experiencia que se traducirá en intercambios.

Por mucho tiempo creí que estaba haciendo marketing digital, utilizaba herramientas novedosas y me centraba en el conteo de *likes* y el número de seguidores en redes sociales. Era casi adictivo ver el crecimiento de esos números y a partir de ahí asumir que estaba haciendo bien mi trabajo y que eso le beneficiaba a la empresa para a la cual prestaba mis servicios. Mis reportes decían "Hemos crecido un 15% de seguidores respecto al mes anterior", "El alcance de nuestros anuncios está por llegar a 2 millones de impactos" y "Tenemos más *likes* en nuestras publicaciones que nuestra competencia directa".

Casi esperaba que alguien trajera la botella de *champagne* para abrirla en la sala de juntas, apagar el proyector y comenzar a celebrar. Nunca pasó eso, pero al menos todos asentían con la cabeza mientras decían "Vamos muy bien". El problema fue cuando esos números no se reflejaban en las ventas.

Por mucho tiempo no supe como encontrar la relación entre lo que hacía y la generación de transacciones, hasta que un día viendo los reportes de meses pasados noté que cuando el número de conversaciones aumentaba también aumentaban las llamadas y las ventas. De entrada no sabía si estaban relacionadas así que comencé a hacer pruebas, inicie por incrementar la velocidad de respuesta y a cada persona que escribía se le incitaba a seguir una conversación privada.

Para el final del mes pasamos de 20 a 100 conversaciones privadas y eso sí impactó directamente a la cantidad de llamadas y ventas. Pero sobre todo estábamos logrando una mejor interacción con nuestros usuarios y los estábamos ayudando al ofrecerles una buena atención.

Este es solo un ejemplo pero la combinación entre las métricas y los objetivos es basta, las pruebas y experimentos que podemos hacer solo dependen de nuestra capacidad de observación y creatividad. Al final, el análisis de los datos y estadísticas debe servir para tomar decisiones bien fundamentadas para optimizar y humanizar.

Y definitivamente, si no integramos el análisis y la optimización a nuestros esfuerzos de mercadeo no hay forma de que estemos haciendo marketing digital.

Números e información

Un número es la representación gráfica de una cantidad. Y a su vez, un número puede ser un dato si representa algún conocimiento, por otro lado está la información, que es son el conjunto de datos organizados que transmiten un mensaje.

EN EL MARKETING DIGITAL NO DEBEMOS OBSESIONARNOS CON LOS NÚMEROS PERO SÍ CON LA OBTENCIÓN DE INFORMACIÓN QUE SERVIRÁ PARA TOMAR DECISIONES.

En la era digital todo se puede medir pero si no aporta información no sirve. Ten en cuenta que sin números no hay datos y sin datos no hay información. Al medir obtenemos números que debemos convertir a datos para finalmente organizarlos y proveer información de valor.

Métricas

Todas las acciones de marketing digital se deben poder medir y cuantificar, si no arrojan números no estamos haciendo marketing. Y para saber si nuestro trabajo está funcionando es imprescindible medir.

Vivimos en un mundo maravilloso en el que prácticamente todas las herramientas nos proporcionan datos o estadísticas, de ahí nacen las métricas.
Para medir distancias usamos los kilómetros y metros, las métricas son esas unidades que nos permiten cuantificar las acciones y tener una noción de su proporción, así como, observar comportamientos e identificar tendencias.

Antes de continuar quiero hacer una diferenciación entre dos tipos de métricas. Por un lado tenemos las métricas que sí sirven y por el otro las métricas de vanidad, por no decir otra cosa.
Comencemos por las métricas de vanidad: son todos estos números que se ven bonitos pero que no significan gran cosa en realidad. Son solo para ser admirados y subir el ego, por ejemplo:

Seguidores

Probablemente pienses que un mayor número de seguidores refleja lo bien que estás haciendo las cosas. Se ven muy bonitos pero por si solos no ayudan en la toma de decisiones ni aportan en nada a cumplir nuestros objetivos. No importa cuántos *followers* tengas sino qué porcentaje de ellos interactúa contigo.

He visto cuentas con cientos de miles de seguidores en los que no hay ni un 1% de interacción, lo que significa que esos números son de adorno y que el 99% de esos seguidores no les importa lo que publicas y mucho menos lo que haces. Si tienes 10,000 followers y solo el 1% realmente genera un compromiso contigo son únicamente 100 personas, en cambio si tienes 800 seguidores y has trabajado para generar una interacción y un compromiso, con solo el 25% de ellos superarás por el doble a una página de miles de seguidores. A esta mezcla de participación, conversación e interacción se le conoce como *engagement* o compromiso.

Principalmente para redes sociales, sin un buen porcentaje de *engagement* solo estarás perdiendo tu tiempo.

Visitas al sitio web

Ésta es simple, de nada vale tener un millón de visitas si solo permanecen un segundo en el sitio. Es mucho más valioso conocer el tiempo promedio que los usuarios pasan en el sitio. Nuevamente, la diferencia entre estos dos parámetros es lo que importa.

Likes

Un *like* es casi igual a nada, la mayoría de la gente lleva a cabo esas micro-acciones en automático. Ya está tan dentro de nosotros que cuando estamos viendo las fotos de alguien más casi tenemos que amarrar nuestro pulgar para evitar darle "me gusta". El *like* es una moneda de cambio devaluada.

Una métrica de este tipo adquiere valor cuando se relacionan a un comportamiento más profundo que implique conciencia como comentar o compartir el contenido, ya que estas últimas acciones requieren de compromiso y algún grado de memorabilidad.

Impactos y alcance

Cuando realizamos una campaña pautada o incluso en algunas redes sociales, la primera métrica que nos arroja es el impacto o alcance que ha tenido la campaña, es decir, cuántas veces ha sido mostrado el anuncio o a cuántas personas ha llegado, respectivamente.

Es muy bonito decir que la campaña llegó a un millón de impactos o que alcanzó a medio millón de usuarios, incluso, es fácil llegar a ese número con las herramientas de distribución publicitaria que tenemos hoy en día, sin embargo, por sí solos el alcance y número de impactos no significan gran cosa.

LLEGAR A MÁS PERSONAS NO NECESARIAMENTE IMPLICA QUE VAN A AUMENTAR LAS CONVERSIONES DEL OBJETIVO QUE HAYAMOS PLANTEADO.

Estas métricas de vanidad son solo algunos ejemplos, pero como ya habrás notado las métricas de vanidad tienen el mismo comportamiento de ser grandes números o datos pero no dar realmente información útil para la toma de decisiones.

No perdamos más el tiempo y vamos con algunas de las métricas que si nos van a servir para tomar decisiones, pues nos proporcionarán información y no solo datos.

Engagement
Es la forma de cuantificar el compromiso que existe entre los usuarios, nuestro contenido y nosotros.
En términos matemáticos el engagement es dividir el total interacciones entre el alcance y multiplicar el resultado por

100. El porcentaje resultante nos indicará un nivel de compromiso, participación y atención de parte de los usuarios a lo que publicamos.

Fórmula

$$Engagement = \frac{\text{Total de interacciones}}{\text{Alcance}} \times 100$$

Ejemplo

$$Engagement = \frac{90 \text{ Interacciones}}{1700 \text{ Personas alcanzadas}} \times 100 = 5.2\%$$

Como hemos visto a lo largo del libro, el marketing digital es interacción y compromiso para lograr un intercambio, es por eso que conocer la tasa de *engagement* será fundamental para acercarnos a lograr dicho intercambio.

Sin embargo, para calcular este número existen muchísimas fórmulas, incluso para cada herramienta o plataformas son distintas, no te preocupes por eso, solo preocúpate por entender la metodología y cual es la información que aporta.

Tasa de conversión

Es el porcentaje de personas que pasan de un punto a otro en nuestra estrategia. Si por ejemplo queremos conocer cuántas personas pasan de desconocidos a conocidos, tendríamos que dividir el número de *leads*, personas que nos dejaron su información, entre, el número de personas a los que llegamos, el resultado se multiplica por 100. Esta tasa se puede calcular entre cada etapa del embudo de conversión.

Fórmula	Ejemplo
$\text{Tasa de conversión} = \dfrac{\text{Leads}}{\text{Alcance}} \times 100$	$\text{Tasa de conversión} = \dfrac{59 \text{ Leads}}{1700 \text{ Personas alcanzadas}} \times 100 = 3.4\%$

La idea es conocer el porcentaje de personas que pasan de un punto a otro para después trabajar en aumentar esos números.

Costo de adquisición de clientes (CAC)

Este es uno de los más importantes ya que nos brindará la información de cuánto nos cuesta tener un cliente nuevo. Todo el trabajo en marketing tiene un valor, si sumamos todos los costos y el resultado lo dividimos entre los clientes reales que generamos, obtendremos el costo por adquirir a cada cliente.

Por ejemplo, si la suma de nuestras diferentes estrategias de marketing enfocadas en adquirir nuevos clientes en un mes suman $100 dólares y en ese mes adquirimos 10 clientes mediante esas estrategias, el costo de adquisición sería de $10 dólares por cliente.

Fórmula	Ejemplo
$\text{CAC} = \dfrac{\text{\$ Total de Inversión en adquisición de clientes}}{\text{Clientes Adquiridos}}$	$\text{CAC} = \dfrac{\$100}{10 \text{ Clientes}} = \$10$

Este número nos servirá para escalar nuestro negocio ya que idealmente implica que si invierto $1,000 dólares llegaré a 100 nuevos clientes. También podemos tomar este costo por adquisición y optimizarlo a tal punto que el costo por cliente sea de $1 dólar para después invertir mil dólares y llegar a 1000 nuevos clientes.

Ticket promedio
Es el promedio de compra de nuestros clientes, es decir, sumar las compras de todos los clientes y dividirlo entre ese número de clientes.
Si por ejemplo, hemos calculado que en promedio nuestros clientes solo gastan $100 dólares por compra primero que nada debemos de entender el porqué y a partir de ahí ajustar para aumentar ese *ticket* promedio.

Fórmula

Ticket promedio= $\dfrac{\text{Suma del monto de todas las compras del periodo}}{\text{Total de clientes que realizaron esas compras}}$

Ejemplo

Ticket promedio= $\dfrac{\$100+\$70+\$90 \text{ Montos}}{3 \text{ Clientes}} = \$86.6$

Esto no tiene nada que ver con aumentar precios sino con ofrecerle más valor para que esté motivado a adquirir más en una sola compra.

Valor del tiempo de vida del cliente o *Life Time Value* (LTV)
La vida del cliente es el tiempo que permanece siendo nuestro cliente y el valor el la facturación que se genera a lo largo de esta vida. Por ejemplo si tenemos una tienda en línea y el tiempo de vida promedio es de 2 años y durante ese tiempo el cliente realiza en promedio 3 compras por año

con un *ticket* promedio de $86.6 dólares. Su LTV sería = $86.6 x 3 compras x 2 años = $519.6 dólares.

Fórmula

LTV= Ticket promedio X Recurrencia X Tiempo de vida

Ejemplo

LTV= $86.6 X 3 veces X 2 años = $519.6

Con este simple hecho nos daríamos cuenta de las áreas de oportunidad que tenemos al mover cada una de esas variables para fidelizar al cliente y aumentar el valor de su tiempo de vida.

Costo por acción

¿Cuánto nos cuesta cada acción? ¿Cuánto nos cuesta cada clic? Ya sea que hagamos inbound o outbound marketing podemos calcular este número sumando la inversión monetaria que se ha hecho para conseguir estos clics y dividirla entre el número de clics obtenidos.

Fórmula

$$CPC = \frac{\$ \text{ Total de Inversión}}{\text{Clics obtenidos}}$$

Fórmula

$$CPL = \frac{\$ \text{ Total de Inversión}}{\text{Leads obtenidos}}$$

Básicamente con esta fórmula podemos calcular el costo de todas las acciones en marketing digital. Por ejemplo el costo por *lead* o CPL, aquí obtendremos cuánto nos costó adquirir a un nuevo contacto.

Tasa de rebote

Imaginemos una pelota al caer al suelo. Nuestro sitio web es el suelo y la pelota el usuario, si rebota muy rápido significa que abandonó el sitio enseguida. La tasa de rebote es el porcentaje de abandono por parte de los usuarios en el sitio web.

Si el número es alto implica que aunque entren un millón de personas, si la tasa de rebote es del 95%, quiere decir que solo 5 mil personas se quedaron.

Si tomáramos como referencia el número de visitas parecería una estrategia exitosa, sin embargo, al ver la tasa de rebote nos damos cuenta del fracaso que está siendo.

Si te digo —Oye, recorrí 10 kilómetros— puede que tu primera impresión sea —¡Wow!— pero quizá después te empiecen a surgir preguntas. No es lo mismo correr 10 kilómetros en unas horas que correr esa misma distancia en toda una semana. Las métricas nos ayudan a ver esas diferencias en las medidas al relacionarlas y compararlas.

Estas son solo algunas métricas, de las miles que existen, recuerda que en marketing digital todo se puede medir, pero la clave está en comprender cómo funcionan y en que te ayudará el conocer esa métrica.

Una métrica por sí sola no ofrece mucha información, la magia sucede cuando se relaciona con otras o se compara en el tiempo con sigo misma.

Hacer que el número de una métrica se mueva requiere observación, experimentación y aprendizaje. No se trata de adivinar, se trata de poner en marcha el método científico. Comienza por observar y cuestionarte, crea una hipótesis de lo que podría estar pasando, da una posible solución y ponla a prueba lo suficiente para saber que es una respuesta determinante de causa y efecto.

Si tu tasa de engagement es baja las posibles causas a ese comportamiento pueden ser muchas, desde el contenido, la identidad gráfica, hora de posteo, el texto que lo acompaña etc., podemos comenzar a observar nuestro propio trabajo y el de los demás para cuestionarnos qué está pasando, quizá nos demos cuenta que los demás usan textos largos y que la única publicación de alto compromiso que tuvimos también tenía un texto de más de 50 palabras, ya tenemos una hipótesis que podremos a prueba en nuestras próximas 10 publicaciones. Finalmente compararemos los resultados para así tomar una decisión determinante.

El marketing digital es una ciencia y un arte a la vez, hay que ser tan creativo como metódico, conoce los números y familiarízate con ellos, no te apresures a sacar conclusiones y a correlacionar datos que probablemente no tengan una relación de causa y efecto.

Monitorea a través del tiempo cómo se mueven estos números y observa las tendencias que marcan, es decir, si estás creando un cierto tipo de contenido nuevo no puedes suponer que las estadísticas del día uno representan a toda la estrategia, aquí el tiempo jugará un papel importante.

No te obsesiones en los números y las estadísticas, al final de cuentas, solo son el reflejo de nuestras acciones, estrategias y decisiones. Optimizar no se trata de cálculos sino de replantear nuestra forma de hacer las cosas y de relacionarnos en los diferentes entornos.

Hay muchas cosas que se pueden medir en internet, pero querer mejorarlas todas no implicará una mejora en la fidelización o en el negocio, hay que enfocarse en esos indicadores claves que sí están relacionados directamente con nuestros objetivos de marketing.

KPI

Key Performance Indicators (por sus siglas en inglés KPI) o indicadores clave de rendimiento son esas métricas que nos servirán de parámetro para medir el desarrollo de nuestra estrategia hacia el cumplimiento de un objetivo.

Un KPI siempre es un métrica pero una métrica no siempre es un indicador clave, eso dependerá de los objetivos que nos hayamos planteado previamente. Las métricas están enfocadas a las acciones tácticas y los KPI a las estrategias. Si una métrica se vuelve crítica para el cumplimiento de los objetivos entonces pasa a ser un KPI, y en el caso inverso, cuando un indicador deja de ser relevante pasa a ser solo una métrica.

Los indicadores claves son como la aguja de aceleración en un auto, nos debe indicar perfectamente cuando hayamos alcanzado cierta velocidad. Si nuestro objetivo es alcanzar los 100 km/h, la aguja nos dirá si lo hemos logrado o no.

Seleccionar un indicador de rendimiento es seleccionar la métrica que refleja el progreso hacia el cumplimiento de nuestros objetivos. El marketing digital nos arroja muchos datos, por lo que si no nos centramos en los adecuados corremos el riesgo de tomar decisiones equivocadas, no lograr nuestros objetivos o hasta de no poder tomar decisiones por la abrumadora cantidad de información que nos obstruye la vista.

Un KPI hace las cosas más simples y ágiles. Si el indicador no llegó al numero que se planteó en el objetivo, sencillamente la estrategia se quedó corta, así que, tendremos que trabajar para que todas las métricas sumen hacia el logro del indicador clave.

Lo ideal es tener un KPI general alineado al objetivo general de nuestra marca y un indicador para cada una de los objetivos secundarios. Sé mesurado y crítico, si implementamos muchos KPIs simultáneamente nos dispersaremos en nuestro trabajo hacia cumplir el objetivo.

Lo más importante es que lo definamos de manera objetiva y a partir de ellos fijar indicadores claves de rendimiento y medir todo lo necesario.

Objetivos Inteligentes

Medir y optimizar está bien, pero hace falta una meta a la cual llegar. Para lograr un objetivo, antes que todo, se debe plantear y definir correctamente, pues si el objetivo no está bien diseñado todo lo que se haga a partir de él tomará un camino distinto a lo que realmente nos interesa lograr.

No podemos fijar cualquier meta, debemos establecer objetivos específicos, medibles, alcanzables, pertinentes y con un tiempo delimitado, lo que por sus siglas en inglés se conoce como SMART que significa inteligente.

Es como pedir un taxi y decirle "llévame a casa". Ir a casa es una meta ambigua y posiblemente te terminen llevando a un restaurante de pozoles. Exactamente eso es lo mismo que ocurre en el marketing con un objetivo mal planteado.

No importa en qué etapa del marketing estés o la estrategia que hayas implementado si el objetivo no es SMART realmente no es un objetivo, sino una idea ambigua que no se puede evaluar.

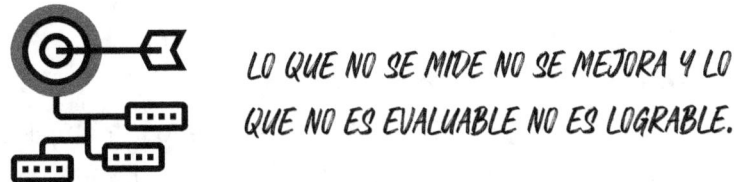

LO QUE NO SE MIDE NO SE MEJORA Y LO QUE NO ES EVALUABLE NO ES LOGRABLE.

Podrías plantearte como objetivo aumentar la captura de *leads*, esto implicaría que con obtener un contacto más que el mes pasado ya habrías aumentado el número porque no hay un parámetro claro. Un objetivo debe ser capaz de proveer lineamientos de acción específicos.

Un objetivo inteligente nos permitirá sentar las bases correctas para diseñar una estrategia de marketing, seleccionar el KPI que nos ayude a evaluar su desarrollo y hacer las mediciones pertinentes para dicha evaluación. Las características para que un objetivo sea SMART son:

Específico

¿Qué es lo que quieres lograr? Se tan específico como sea posible para explicar lo que quieres lograr, quienes están implicados y en qué espacio se ejecuta.

Medible

¿Cuánto y con qué parámetros se mide? ¿Cómo sabremos si el objetivo se ha cumplido? Se debe poder cuantificar para poder medir y evaluar su progreso para finalmente determinar si se ha alcanzado el objetivo o no.
Si no se puede medir jamás sabremos en qué momento deberemos ajustar la estrategia. Esto está ligado a las métricas y a un KPI.

Alcanzable

¿Cómo lo voy a lograr? Debe ser posible de lograr. Implica que sabemos todo el trabajo y esfuerzo que requerirá lograrlo, que conocemos lo que nos demandará cada paso en el desarrollo de la estrategia. Estamos conscientes del equipo, la tecnología, el tiempo y los recursos que implementaremos en todo el proceso. Sin embargo, que sea realista no significa que no sea ambicioso.

Relevante

¿Por qué es necesario? ¿Para qué lo hacemos? ¿Es el momento adecuado? ¿Vale la pena? El objetivo debe estar alineado al objetivo general de la empresa, debe ser relevante en el espacio de tiempo en el cual se ejecuta y compensar los recursos que consumirá. Puede que sea un buen objetivo pero ahora no es prudente trabajar en el.

Temporal

¿Cuándo se logrará? ¿Cuál es la fecha límite? ¿En qué espacio temporal se desarrollará? Fijar una fecha de inicio, una fecha límite o algún otro indicador de tiempo nos permitirá organizar y calendarizar.

Esta propiedad de un objetivo inteligente nos dará la oportunidad de saber los tiempos que tenemos disponibles para cada tarea y cada fase de la estrategia.

Ninguna de estas características se debe contraponer a las otras, deben estar en equilibrio y todas presentes, ya que todas tienen la misma importancia.

Aquí hay un par de ejemplos de objetivos vs objetivos SMART:

Ejemplo 1

Mal: aumentar la interacción en redes sociales.

Bien: incrementar la tasa de *engagement* en la cuenta de Instagram de la empresa, mediante cápsulas de entretenimiento en formato de video y *stories*, en un 10%, respecto al bimestre anterior, antes del 1 de noviembre para aumentar la visibilidad e interacción de las promociones que publicaremos con motivo del *black friday*.

Ejemplo 2

Mal: vender más en línea.

Bien: Aumentar las conversiones de *leads* a clientes en línea en un 25% en relación a las conversiones actuales durante un plazo de 1 año a partir de la implementación de un sistema de diferentes rangos de usuarios en el que estos pueden acceder a ciertos beneficios de acuerdo a una compra mínima con el fin de compensar el cierre de nuestra tienda física.

Los objetivos inteligentes por muy inteligentes que sean aún no se pueden lograr ellos mismos, requieren de un plan bien estructurado, organizado, que se apoye de las herramientas tecnológicas disponibles en la actualidad y fundamentado en una visión humana de ayudar y ofrecer valor

Métele turbo.
Ingresa a <u>erasmoherrera.com</u> y comienza la aceleración digital.

Clave 7

SIN ESTRATEGIA SOLO SON OCURRENCIAS

El chef británico, Marco Pierre, tiene una muy buena frase sobre lo que puede lograr una estrategia:

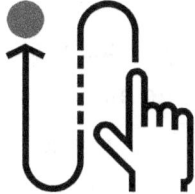

"LA ESTRATEGIA COMPENSARÁ EL TALENTO. EL TALENTO NUNCA COMPENSARÁ LA FALTA ESTRATEGIA".

Por muy buenos que seamos, sin un objetivo y un plan para llegar a él, no tendremos nada. Todo será un cúmulo de ocurrencias y, en el mejor de los casos, dependeremos de la suerte.

En primer lugar, hay que saber a dónde queremos llegar, después crear la ruta más adecuada y si cuando estemos recorriendo el camino parece no ser el mejor siempre podemos iterar a otro.

Cuando tenemos un objetivo inteligente la estrategia ya tiene unos límites dentro de los cuales se puede desenvolver para llegar hasta él.

La estrategia, es donde todo converge —mi parte favorita— es como un juego de acertijos que te desafía a encontrar la respuesta, aquí es cuando todo nuestro cerebro y experiencias se ponen a prueba llevando a la creatividad a su máxima expresión.

No soy muy bueno(por no decir malo) en los deportes físicos, pero hacer estrategias es lo más parecido que hay a un deporte mental. Mientras más lo practiques más habilidad desarrollarás.

"NO IMPORTA EL CAMPO DE JUEGO, SI YA CONOCES LAS REGLAS LOGRARÁS DESENVOLVERTE CON AGILIDAD".

Quizá no hayas hecho estrategias digitales antes, pero en tu campo de trabajo o estudio has resuelto problemas con los sistemas que has aprendido con la experiencia y desarrollado con el tiempo. A lo largo de este libro has aprendido sobre la nueva forma de hacer marketing digital, ya conoces el impacto y la importancia que tiene la tecnología y ahora tienes una visión, solo es cuestión de empezar a planear.

Recuerdo haber trabajado con personas con muchos recursos que creaban empresas sin ningún plan, creaban hermosos puntos de venta pero carentes de un objetivo, invertían millones en publicidad pero sin saber a dónde se dirigían.

En uno de esos equipos, en particular, hacíamos lo mejor que podíamos pero nos dirigíamos al vacío, simplemente era una ocurrencia tras otra, implementamos modernas herramientas y gastamos grandes presupuestos de publicidad, teníamos largas juntas creativas y desarrollamos ideas que parecían revolucionarias, pero al ejecutarlas solo había una constante: no funcionaba. En ese momento no entendía por qué, si estábamos dándolo todo en cada proyecto.

Después, entendí que fue por la falta de una estrategia que nunca planteamos. Esas ideas estaban muertas antes de nacer porque no había una estructura clara que las sostuviera.

Ahora, siempre me pregunto cuál es el objetivo de todo lo que hago y lo planeo con esa mira en mente. Fragmento un gran objetivo en muchos objetivos pequeños, cada uno con su estrategia particular pero alineados a una gran estrategia general. No hay que angustiarse por crear estrategias llenas de complejidad, solo debemos crearlas y en el camino se irán simplificando o robusteciendo con el fin de llegar al objetivo. Lo importante es tener esa primera ruta para llegar a la meta.

Si no somos capaces de desarrollar una estrategia, no importará con cuánto amor trabajemos o que dispongamos de muchísimos recursos, solo estaremos haciendo ocurrencias, quizá, de vez en cuando, tengamos una puntada, pero solo estaremos caminando a ciegas y conformándonos con lo que por una mezcla de suerte y casualidad podemos alcanzar.

Recursos disponibles

Antes de comenzar a armar nuestra primera estrategia hay que contemplar con qué elementos podemos contar para trabajar.

Es muy importante saber si disponemos de un equipo de trabajo o si solo somos nosotros, saber perfectamente qué herramientas tenemos y qué conocimientos poseemos, y claro, conocer el presupuesto disponible.

Te diré que mis primeras estrategias las hice yo solo, desde la visión hasta la ejecución de cada mínimo detalle, sin un solo centavo y con una carencia de conocimiento y acceso a herramientas brutal es cuestión de poner manos a la obra y comenzar a trabajar.

Mi madre siempre me dijo:

"SI NO SABES HACER ALGO, NO DIGAS QUE NO PUEDES. APRENDE Y HAZLO".

Hoy te digo lo mismo, empieza con lo que tienes y siempre haz más con menos, no te detengas por la falta de recursos, ya sabes lo necesario para empezar.

Aprenderás continuamente sobre la marcha y te exigirás más a cada paso, y así, cuando dispongas de más recurso o de un equipo de trabajo sabrás exactamente cómo explotar esos elementos.

Tampoco se trata de escatimar recursos creyendo que el marketing digital es magia y que con solo tener un sitio web y todas las redes sociales el trabajo se hará solo. Alguna vez leí una frase que decía algo así como "Hacer marketing digital es invertir, todo lo demás son gastos", esta frase tiene mucha razón ya que cuando tienes la visión correcta del marketing, un buen objetivo y una estrategia igual de buena. cualquier recurso que inviertas ya sea tiempo, trabajo, dinero etc. regresará con mayor intensidad, eso es invertir.

Escatimar en estrategias digitales es exactamente igual a escatimar en lo que quieres recibir, es por eso que cuando estoy haciendo un presupuesto me hago dos preguntas: ¿Cuántos recursos hay disponibles? y ¿Cuánto quieres lograr?

El mundo de hoy nos permite hacer cosas inimaginables hace 30 años, como por ejemplo, hacer que nuestros contenidos y anuncios lleguen a un millón de personas en nuestro segmento de mercado a un costo ridículamente bajo en comparación a los medios tradicionales.

El pionero de la mercadotecnia, John Wanamaker decía: "Estoy seguro que la mitad del dinero que gasto en publicidad se desperdicia; el problema es que no sé qué mitad" y eso es exactamente lo que sigue ocurriendo con quienes hacen marketing tradicional, porque no saben qué parte de su presupuesto fue el que funcionó —en los casos en los que llega a funcionar—, en cambio, en la era digital no necesitas nada más que seguir la nueva metodología de ayudar antes que vender, hacer una buena estrategia y medir para saber exactamente qué es lo que está funcionando y en qué proporción.

Muchas veces se llega a pensar que el Marketing Digital no funciona, que ya se han hecho diversos esfuerzos y no se logra nada, no es que no funcione, es que no se ha hecho bien. Lo bonito del Marketing Digital, es que si trabajas siguiendo al pie de la letra la visión y los procesos, siempre funcionará.

Arma tu estrategia

Hacer estrategias no es un juego en el que ganan los más fuertes, atractivos, ricos, famosos, con más contactos o más recursos, este juego se gana con conocimiento, experiencia y creatividad.

Si no tienes experiencia y conocimiento puedes optar por ser creativo, observador y metódico para así adquirir conocimiento y experiencia mediante la práctica. Pero si no usas tu creatividad y no la desarrollas, el conocimiento y la experiencia no serán suficientes.

La construcción de una estrategia requiere que pongas en práctica y aprueba todo lo que conoces, es por eso que este tema está al final del libro ya que no puedes crear sin bases.

Ya conoces la dirección, este es el mapa para dar los primeros pasos y despegar en la era digital con una nueva visión del marketing: **comienza por ayudar a los seres humanos porque todo se trata del valor que ofreces durante el proceso puesto que los intercambios más valiosos que puedes generar no son monetarios, así que, explota tu creatividad, analiza y optimiza todo lo que puedas fijándote objetivos inteligentes, y no olvides planificar ya que sin una estrategia solo serán ocurrencias.**

Te dejo una *check list* de recomendaciones para que comiences a trabajar en tus propias estrategias digitales:

Paso cero: tatuarse la visión en la palma de la mano para nunca olvidar que ayudar a otros seres humanos va primero.

1. Ayudar a un grupo de personas en específico
   - Identificar o formar una tribu: no puede haber tribu sin líder, ni líder sin tribu. Los líderes se deben a sus tribus y a la ayuda mutua.
   - Segmentar el mercado, porque hablarle a todos es hablarle a nadie.

- Estar en la plataforma en la que esté la tribu y moverse con ella.
- Estar en las redes sociales y plataformas que mi atención permita.
- Escuchar a las personas y entender a la tribu.
- Propiciar la interacción en cualquier plataforma o red social.

2. Diferenciarse a través del valor

- Ser diferente con una propuesta de valor única. Una frase que explique todo.
- Superar las expectativas de lo que se espera, de lo que yo puedo dar y de lo que los demás quieren recibir.
- Humanizar a la marca. No se trata de máquinas contra humanos, se trata de humanos conectados con humanos.

3. Conocer los procesos

- Comprender el proceso de compra de los consumidores.
- Estar presente en cada etapa del proceso de compra y crear relaciones.
- Crear un embudo y generar conversiones en cada nivel.
- Alinear el embudo de conversiones al proceso de compra.

- Tratar a los consumidores como a uno mismo, como seres informados.

4. Generar intercambios
- Intercambiar lealtad.
- Cumplir lo que se promete.
- Pedir permiso antes de interrumpir.
- Atraer con inbound marketing y llegar con outbound marketing.
- Entregar más de lo que se desea recibir.

5. Crear contenido valioso y útil
- Ser sumamente creativo.
- Desarrollar contenidos de valor adaptado a cada plataforma.
- Propiciar conversaciones.

6. Tomar decisiones
- Plantear un objetivo inteligente general y uno por cada estrategia.
- Cuantificar, medir, analizar y optimizar todo lo que pueda servir para tomar decisiones basadas en información.

No le temas a la velocidad.

Ingresa a erasmoherrera.com y comienza la aceleración digital.

COMPARTIR

Hace miles de años, cuando nuestros ancestros comenzaron a compartir su excedente e intercambiarlo con los demás dieron paso a un mercado y a una economía, que algo de tiempo después, le dieron vida al marketing digital, la ciencia y arte que busca la satisfacción de los seres humanos mediante el proceso de generar y compartir un intercambio de valor y ayuda mutua valiéndose de la tecnología.

Hoy, quiero agradecer a todas esas personas que decidieron compartir su conocimiento con el mundo, porque sin saberlo me han permitido formarme y han aportado para que yo, a su vez, pueda estar compartiendo este libro contigo: Cesar Debián, Gary Vaynerchuck, Miquel Baxias, Carlos Muñoz, Seth Godin, Philip Kotler, Jim Lecinski, Juan Merodio, Freddy Vega, Euge Oller, Romuald Fons, Vilma Nuñez, Judit Catalá, Christian Van Der Henst, Marta Emerson, Eric Ries, Sean Ellis, Kevin L. Keller...

...Hay cientos de personas más que han compartido y aportado inconscientemente, incluso para mí, a este libro y aunque no estén listados aquí les agradezco por entregar valor sin mirar a quién.

Pero, especialmente te agradezco a ti por haber invertido tu tiempo en aprender y haber llegado hasta esta última hoja, puedo decirte que tienes lo necesario para comenzar a crear cosas increíbles, cambiar la forma en la cual nos dicen que tiene que ser el mundo, comenzar a ayudar y entregar valor a los demás ya que esa es la forma en la que las ideas, las marcas, los modelos de negocios y las empresas se desarrollarán de ahora en adelante, enfocadas en algo más grande que si mismas, en un legado.

Las experiencias, el dinero y hasta el aprendizaje solo importan si con esas herramientas podemos hacer y dejar algo más grande que nosotros mismos para todos los demás.

Todo el mundo quiere hacer algo en internet, desde obtener fama hasta ganar grandes fortunas lo más rápido que se pueda con el menor esfuerzo posible, pero casi nadie entiende cómo funciona el mundo digital, sin embargo, a partir de este momento, tú ya formas parte del pequeño grupo de personas que entiende la visión para lograr despegar y acelerar en la era digital.

"ALGUNAS PERSONAS OCUPAN SU VIDA ENTERA EN PREOCUPARSE MÁS POR LO QUE SE VAN A LLEVAR EN VEZ DE ENFOCARSE EN LO QUE PUEDEN DEJAR EN LOS DEMÁS."

Puedes compartir este libro y entregar valor a muchas otras personas. De esto se trata todo.

Comparte tu opinión sobre este libro.

Para más aceleración digital visita erasmoherrera.com y accede a contenidos especiales.
Comencemos la conversación, Instagram @erasmohr

Apunta con la cámara de tu teléfono

ACERCA DEL AUTOR

Erasmo Herrera, Estratega y Acelerador Digital, durante la última década se ha dedicado a la publicidad y al marketing digital, abarcando desde la creación de contenido en todos los formatos hasta el diseño y la implementación de estrategias de negocios adaptados a la era digital.

www.erasmoherrera.com

Legal

© ERASMO HERRERA. Todos los derechos reservados.

No está permitida la reproducción total o parcial de este libro, ni su tratamiento informático, ni la transmisión de ninguna forma o cualquier medio, ya sea electrónico, mecánico, por fotocopia, por registro u otros métodos, sin el permiso previo y por escrito del titular de copyright. Reservados todos los derechos, incluido el derecho de venta, alquiler o cualquier otra forma de cesión del uso del ejemplar.

Titulo: Las 7 claves del marketing para despegar en la era digital.
Autor: Erasmo Herrera
ISBN: 9798670367219
Primera edición: Septiembre 2020
Sello: Independently published
Tipo de cubierta elegido: Paperback

Ciudad de México, México.
www.erasmoherrera.com
hola@erasmoherrera.com

Recursos y fuentes

Ilustraciones: A partir de flaticon.com y freepik.es

Fotografías: Erasmo Herrera y SpaceX en unplash.com

1. Digital 2020 "Global Digital Overview": https://wearesocial.com/digital-2020
2. En México hay 80.6 millones de usuarios de internet y 86.5 millones de usuarios de teléfonos celulares: ENDUTIH 2019. 17 de febrero: http://www.ift.org.mx/comunicacion-y-medios/comunicados-ift/es/en-mexico-hay-806-millones-de-usuarios-de-internet-y-865-millones-de-usuarios-de-telefonos-celulares
3. Tribus: Necesitamos que TÚ nos lideres. Libro de Seth Godin
4. El coronavirus acelerará hasta dos años la adopción del e-commerce en México: https://www.forbes.com.mx/tecnologia-ecommerce-coronavirus-adopcion-mexico/
5. Lista esencial de estadísticas de marketing para 2020: https://www.hubspot.es/marketing-statistics
6. Estadísticas y Estudios de Marketing Digital [2020]: https://cocktailmarketing.com.mx/estadisticas-marketing-digital/

7. Uso de las tic y actividades por internet en México:Impacto de las características sociodemográficas de la población (versión 2019): http://www.ift.org.mx/sites/default/files/contenidogeneral/estadisticas/usodeinternetenmexico.pdf
8. 100 + ESTADÍSTICAS E INFORMACIÓN DE INTERNET PARA 2020: https://www.websitehostingrating.com/es/internet-statistics-facts/
9. ¡Hazla en grande! -Libro de Gary Vaynerchuk
10. ZMOT GANANDO EL MOMENTO CERO DE LA VERDAD Jim Lecinski - Google

El mundo ha acelerado como nunca en la historia
es momento de que tú también lo hagas

ErasmoHerrera.com